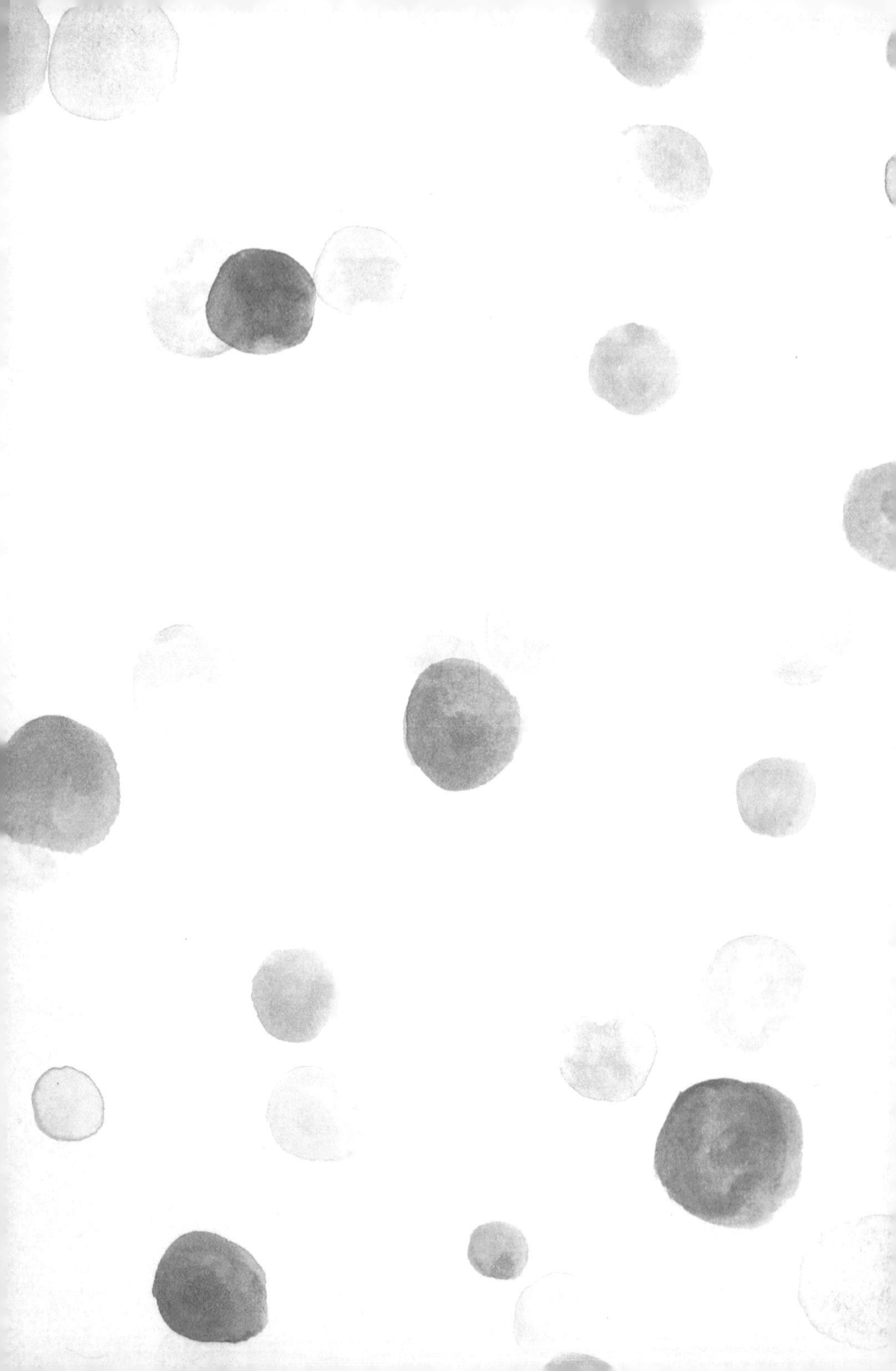

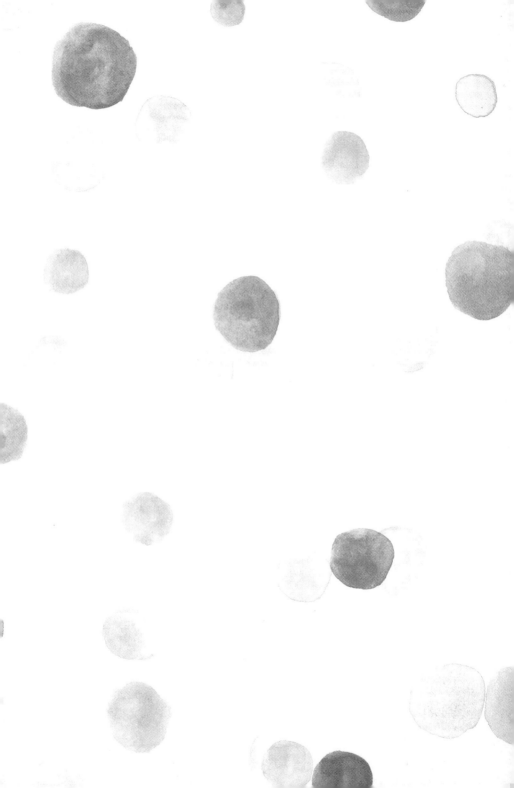

聊聊的力量

心理治療師跟你對話，來自諮商室的五個故事

THE POWER OF TALKING

Stories from the Therapy Room

史泰留斯・基歐西斯 Stelios Kiosses——著　彭臨桂——譯

目次

自序

心理治療中的抗拒、脆弱與面對

我明白很多人都不太會主動求援，我也明白心理治療可能會讓某些人極度不安。我會明白這些事，是因為我自己在接受治療時就有這種感覺。本書旨在提醒大家，凡是人類都會如此；對心理治療感到不安很正常，而且我們並非天生就知道該怎麼顯露脆弱。我的意思是，雖然很多人認為脆弱等於軟弱，但「脆弱」其實是全心全意投入生活的基本要素。我相信我們在生命中必須藉由一定程度的脆弱，才能真正建立起一段關係；我們遲早都必須敞開心胸，要顯露脆弱並逐步信任某人，必須隨著時間慢慢培養。因此，顯露脆弱就是向他人徹底展現自己，不怕遭到拒絕或批評。

本書的個案研究中有各種心理防衛的範例。你會逐漸理解當事人接受心理治療的過程，他們原本都有一些負性症狀（negative symptoms）[1]，也會表現出因為害怕「受傷」而與他人保持距離的心理機制。你也會慢慢明白治療師如何幫助當事人卸下一些心理防衛的負擔，使其感受到同情並提供矯正性的經驗。我們會透過個案研究，檢視治療師採取了什麼理論基礎和步驟，來打動躲在抗拒背後的當事人。我的治療架構特別強調「心理動力治療」（psychodynamic therapy）。我們會透過這種機制看到新穎的治療步驟，例如**監測無意識信號**以及**心理防衛的應對**。

我在進入牛津大學心理動力諮詢的研究生課程時，開始接受個人治療。當時，我的導師突然宣布，每名學生在課程期間都必須接受個人治療才能夠畢業。在先前的訓練中，我從未被要求去看治療師，所以這讓我很不安。就算我是見習治療師，也不想跟一個完全陌生的人坐下來面對面，暢談我覺得對方根本不想聽的話。後來，在心理動力學訓練的過程中，我才明白**抗拒**是這段旅程中必然會產生的部分。為了保護自己不被所害怕的事壓垮，我們才會抗拒。這並不是在有意識之下發生的。抗拒就像磨擦力，它會在跟你完全相反的方向發揮作用。心理防衛是我們人格的核心，而抗拒又是心理防衛的產物，因此非常難突破。我們最抗拒的事，往往也就是我們最需要面對的事。

十七歲時，我向父母宣告：「我要去（共產）羅馬尼亞念書。」這是我第一次開始意識到自己想要研究心理學。除此之外，還有一本叫《崩潰》（*Breakdown*）的書影響了我，作者是史都華・蘇德蘭（Stuart Sutherland），後來我到英國薩塞克斯大學（Sussex University）主修實驗心理學時，他還成為我的指導者。當時，我把前往羅馬尼亞視為一種挑戰與冒險。最後，父母同意讓我去那裡念書。於是，我在密集學習羅馬尼亞文六個月後，申請了特蘭西瓦尼亞（Transylvania）地區的克盧日大學（University of Cluj）醫學院。然而，在這個最嚴苛也最腐敗的共產國家待了三年後，我覺得自己受夠了，於是離開並前往英國。那些年，我處於共產黨極度善變的氣氛中，還在最令人恐懼的精神病房工作，結果受到了深刻的影響。因為我目擊了人類在那些野蠻環境中遭到禁語和羞辱，也看到人格被瓦解，這就像在靈魂的屠宰場工作。早在共產主義垮台使世人得以瞥見之前，我就親眼目睹孩童在人滿為患的孤兒院裡挨餓患病，也親身感受了那些孩子眼中流露的痛苦、絕望、悲傷、無助。

有兩件事讓我印象深刻，起初我接受個人治療時，還很抗拒去探究，但最後還是在治療的過程中讓步了。它們會永遠留在我的腦海中：我記得有一個八歲小女孩為了尋找父母，在凜冬中逃出精神病房。她患有憂鬱症，在六歲那年遭父母遺棄在一塊田地，獲救後被收容。大家急著要找到她，因為她無法在冬天和深雪的環境中存活太久。我記得搜救隊空手而歸。一個月後，他們發現她早已在嚴寒的冬天裡受凍身亡。

我的第二段記憶是到一家孤兒院實習，那裡有太多孩子發出了無聲的哭喊。我記得自己走進一個擺滿大約三十張嬰兒床的房間，每張床上都有一個孩子，年齡從幾個月到兩歲不等。一踏進房間，我就感受到震耳欲聾的寂靜；室內的氣氛平和、安詳、靜默。我還記得在一次會面時講述過這段創傷回憶，而我的治療師說：「哭泣是生命的聲音。」孩子要說的是：「有人會來，那是愛我的人。」這些孩子沒哭，也不是在睡覺。他們之中雖然有一些人坐著，但大部分都是躺在床上，眼神茫然，彷彿沒有靈魂的屍體。這一刻會永遠烙印在我心裡。這些孩子之前已經哭喊了無數個小時才終於停止，因為他們明白了根本沒有人會來。這段經歷跟我的治療密切相關，畢竟我在年輕時也有過被遺棄的感受，當時父親離開了，留下我和母親，後來我才有了一位繼父。

個人治療讓我有機會去發掘與探索這些人生經歷，並且理解個人創傷。我來自一個非常狂暴的家庭，至少可以用「失能」（dysfunctional）來形容。我自認為善於傾聽，因為我長期懷著童年受虐延續下來的恐懼。我花了好幾年才在個人治療中正視它。當然，剛開始我也跟很多人一樣，不相信治療師能幫上什麼忙。我一直都是自己照顧自己。然而，透過治療，我才明白自己在成長過程中遭受多少虐待。在辛苦地接受兩年的治療後，我終於準備好面對接下來的人生。

我們必須記得，人們在未接受治療時就會抗拒了。再次強調，這源自我們的防衛心態和人格。這跟其他的防衛一樣，是為了保護我們不受到傷害。從心理動力學的角度來看，抗拒就是：當事人企圖阻擋或壓抑那些進入意識就會引發焦慮的回憶和觀點。

起初我接受訓練的治療形式是「認知行為治療」（cognitive behavioural therapy, CBT）。認知行為治療通常會強調透過習慣（habit）與合理化（justification）的系統來改變，所檢視的是行為與信念。相較之下，心理動力治療則往往強調對於經驗、關係、防衛系統的適應，所檢視的是核心情感與潛意識過程。心理動力治療的根源，來自西格蒙德．佛洛伊德（Sigmund

Freud）的理論和作品，以及他對於心理分析（psychoanalysis）所提出的概念。簡而言之，心理動力治療強調早期童年經驗的重要性，以及這些經驗如何在成年期間繼續影響我們。相對而言，認知行為治療則特別著重於當下的困擾與難題，而非根植於過去的問題。

我一開始是接受綜合治療師、認知行為治療師的訓練，後來則在牛津大學受訓成為心理動力治療師，這些經歷非常有幫助。我們每個月都有一個主題週，內容涵蓋了技巧、身體、性、病理學、創意視覺化、童年，以及針對痛苦、危機與失敗的創意運用。重點在於把你自己當作實驗室，研究自己的成長與發展，讓你更深刻地理解那些促進自我發展和療癒的要素。雖然牛津大學對學術標準的要求很高，不過對我來說，個人的投入和參與似乎才是最重要的。我們不能期望當事人進入我們自己從未到過的境界。這種哲學在我看來很合理，但我也意識到，現今的許多訓練組織或我之前受訓的機構，都缺乏這種要求。

童年造成的創傷經驗與成年後的掙扎，是我在接受個人治療時的主要重點。現在，我會教導當事人原諒自己（以及他人）、接受自己原來的樣子，並將自己的弱點視為獨一無二的特點。然而，要是我自己不曾接受過治療，就不可能獲得這種寶貴的智慧。我找到一位諮商心理師，那段經歷也改變了我的人生，而且是變得愈來愈好；我學會如何面對自己的人生，也學會釋放真正的自我。我自己就具備了所有工具，他說我所要做的就只是找出它們，而我做到了。我會永遠感激他在那段黑暗、艱難的日子裡，溫和又有耐心地引導我。一個全新的自我就這樣出現在陽光下；我的內心沉著平靜，不再對生命的起伏感到困惑。這是一段動人又難以忘懷的旅程，而我會永遠記得。

從認知行為治療轉換跑道至心理動力治療的決定，出於我自己的觀察，因為我發現到，雖然認知行為治療著重運用策略來減少當事人的症狀，卻無法幫助他們更深入理解自己的認同與關係模式。此外，我們不太可能只用一套簡單的技巧就可以處理生活中的基本問題，還能幫助你追溯深層心理問題的根源，而後者也是心理動力治療會探索的內容。轉移注意力、容忍痛苦、保持冷靜之類的能力，只能算是一套好用的工具，重點還是在於心理動力治療所強調的情緒工作。在本書中，你會發現這兩種治療其實是交替使用的，因為我把自己視為一位綜合治療師，採取心理治療的綜合方法，將特定治療的不同要素融會貫通。

註釋

1. 負性症狀：指缺乏一般人應有的特質。情感平淡；表達情感方面有困難。較少表達情緒、少笑、少哭。談話內容貧乏；持續交談或述說新事物有困難。

——聲明啟事——

本書中所有故事雖以實際案例為依據，但內容純屬虛構。為保護隱私及匿名性，所有可辨識之細節均已匿名處理，並且使用假名。個案研究之對象，是將產生類似心理問題之多位當事人綜合為一體。任何內容如有雷同，純屬巧合。

＊編按：本書作者的身分為心理治療師（psychotherapist），台灣目前並無此職稱，其性質最接近的正式職稱是「諮商心理師」（counseling psychologist），為避免造成讀者混淆，本書採用的譯名為「心理治療師」。

Chapter 1

身為治療師的我

治療師不是英雄。我們會傾聽有困擾的人並試圖協助，但這並不代表我們很特別。多數情況下，我們是治療者；不過，我們是「受過傷的治療者」（wounded healer）。哥德（Goethe）曾經寫道，自身的苦痛能讓我們理解他人的苦痛，而我過去的創傷也確實能促使我以同理心去連結當事人。然而，最早論及「受傷的治療者」這個原型的人，是瑞士精神科醫師兼分析心理學（analytical psychology）的創始人卡爾・榮格（Carl Jung），他從希臘神話引用此概念並探索了其在心理學中的應用。

我曾經以為心理治療是任何人都能做的事，但在接受過個人治療以後，我明白了不是每個人都可以或應該成為治療師。依我看來，光是受過為人提供諮詢的教育並獲得相關證照並不夠；你也必須對此投入，並擁有適當的耐心與人格。想從事這項工作，這些特質也同樣重要，甚至可能更重要。從小，我就是一個非常敏銳又有同理心的人。我向來了解自己的感覺，也會為了理解自己的特定感受而獨處好幾個小時。

然而，這當中也存在著風險，因為大家可能認為，治療師只要接受過個人治療就會被「修復」，並在如此具有挑戰性的個人旅程之後，永遠「擺脫所有壞事」。這種想法很可能產生反效果，畢竟不是每位曾經接受治療的治療師都能認同情緒痛苦的感受，而且這也不一定會讓治療更有效。療癒的典型優點必須跟其他特徵結合，例如能夠控制這種認同感，以及能夠處理或再次利用生命中愉快與痛苦的經驗。

我的意思是，我們可以從自己的經驗和錯誤中學習，也可以從他人的經驗和錯誤中學習。如此一來，我們才能在更有益且更適合的背景之下，以有別於以往的全新方式，再次處理這些經驗。我們會重新利用這種「廢棄物」，加以分門別類，接著就可以考慮要將哪些東西用於何處；這種方式就像情緒回收。我相信這種作法能夠訓練我們在自己與他人遭遇的任何情況中，接受多元的真相與觀點。

整體而言，心理治療可以發揮非常大的功效。這一點必須再次強調，因為許多人仍然不相信它是一種真實又可行的療法。有不少經驗證據顯示，心理治療可以幫助當事人處理各式各樣的心理問題，包含相對簡單（害怕飛行與蜘蛛），以及複雜且難以治療的情況，例如邊緣性人格疾患（borderline personality disorder）和思覺失調症（schizophrenia）。或許這無法幫到每個人，但許多針對身體疾病的藥物也是如此。重點是，它確實能夠幫助許多人。尋求心理治療的當事人會有各種各樣的問題，問題的類型可能較為籠統，比方說覺得憂鬱，也有可能較為具體，像是處理跟上司之間的麻煩。通常，當事人會期待這類問題能解決，或者至少有辦法應付。在某種意義上，心理治療或許可以當成一種解決問題的形式。因此，我們必須要能從當事人的描述中理解其困境。

你會發現我也在書中使用了「諮商心理師」（counseling psychologist）與「諮商」（counselling）等術語。這些名詞經常會與「心理治療師」（psychotherapist）和「心理治療」（psychotherapy）交替使用，而我也依循了這種作法。雖然這兩種學科有許多相似之處，但心理治療通常需要接受更長期、更深入的訓練。

我在童年的創傷經驗和成年之後遭遇的掙扎，一直是我成為治療師的主要動機，而這種情況很常見。我逐漸明白，雖然自己的傷口或許偶爾會在治療期間復發，但這也可能用來促進當事人的自我療癒。本書就是關於這樣的療癒過程。每一件個案研究除了探討糾纏著當事人的不愉快回憶，更代表著當事人和治療師雙方在治療場域中親近並顯露自身的脆弱。

在治療中感覺自己得到適當的傾聽，可能是前所未有的體驗。家庭與人際關係都有其侷限，諮商當然也是，不過，諮商心理師能夠讓當事人選擇自己的步調。在無須倉促又能保密的情況下，你才能夠真正地信任另一個人。

心理治療訓練包含了數年的個人治療，因此，身為治療師的我們其實很清楚接受治療的感受。雖然當事人通常不會意識到這一點，不過，治療師知道向另一個人徹底敞開心胸並展現內心深處的自我會是什麼感覺；你知道自己可以安心跟對方相處，而且在你讓生命再度健全的旅程中，他們也會一直陪著你。

我們跟當事人溝通的方式，在過去二十年裡也產生了變化。從某方面來看，科技改變了溝通的景象，例如，我們會使用手機和電腦，管理當事人的心理健康照護。然而，即使發生這些變化，在心理治療中仍然有一點不會改變：治療與情緒的影響是一種雙向的「流動」。我的意思是，心理治療最初的「流動」是要影響當事人在情緒和精神方面的心態，而另一種「流動」則會影響我們治療師的個人與職業生活，讓我們藉由所幫助的人來了解自我。

過了將近二十五年之後的現在，當我再度翻開以前受訓時所寫的日誌，發現自己想要成為心理治療師的理由始終如一。雖然我已經改變了（畢竟我們都會改變），但我之所以開始接受訓練，最主要且最基本的理由，就是我曾經需要有人幫助我度過人生中一段非常艱難的時刻。對我而言，其他職業都不能提供如此完整的滿足感，也無法讓我在學習與挑戰中持續成長。身為治療師確實是一輩子的旅程，而我們會一直與其他人分享，一起走向療癒。

Chapter 2

深陷意外事故與亂倫風暴的蓋瑞斯

我花了幾年時間才真正確定自己想讓諮商室傳達什麼樣的心情與訊息。迎接當事人的，是一個平靜放鬆的空間，設有氣氛照明燈以及一株大型植物——垂榕。我刻意擺脫佛洛伊德的診間風格，那種地方通常會散發陰暗的氛圍，還會擺上一張蓋著毯子的長椅。然而在我的空間裡，牆上掛了許多不具代表性的圖像，暗示著抽象的概念，畢竟具體的內容可能會分散注意力，此外，兩張扶手椅上都有靠墊，也放了一條能讓人感到舒適與溫暖的羊毛毯。有一整面牆是落地窗，天氣好的時候可以引入大量自然光和新鮮空氣。在這個地方，當事人即將實現他們長久以來的期望，也就是他們的情緒終於有人理解，他們的故事也終於有人傾聽。我知道，這可能會令人卻步。當事人可能會害怕著：「萬一沒有效果呢？」這個精心設計的空間以及我的存在，都是為了使他們安心。而這個空間見證了許多當事人的淚水，也包含了一些我自己的。

從最理想的角度來看，治療可視為一種內在與直覺的發展過程，卻往往被侷限在制約、恐懼、反應的層面之下。我跟當事人的關係，當然不是交往，也並非友誼，但確實充滿了情感上的親密與信任。我明白他們對我的期望與信賴，通常我也能理解他們的痛苦。偶爾我在離開這間諮商室時，會對一天下來的工作感到非常滿意。然而，有些時候我也會因為自己聽到的內容而覺得疲累與沉重，但隨著時間過去，我發現自己變得更有耐心或更體貼了。「理解他人的痛苦」是很費力的精神勞動。

我曾經有過不順遂的日子，無法處於最佳狀態，只希望早點輪到最後一位當事人。那一天的治療感覺起來會相當漫長，而且我很難維持自己想要的樣子，也就是在治療中表現出真正的同理心。為了達到「讓當事人感覺自己得到了傾聽」這種狀態，我必須付出極大的心力。就連治療師有時也會覺得要發揮同理心實在太困難了。我們身為人類，在聽到他人的故事時，總會有股強烈的衝動想要給予建議、提供意見或表達自己是否認同，而我們在這麼做時，當然也是從自己的觀點出發。雖然治療師很關心每位當事人，可是我們跟他們的生活沒有利害關係，我們不會刻意說當事人想聽或不想聽的話。不過，雖然我一向認為自己是很好的聆聽者，卻也會擔心是否在精神疲勞時無法用心聆聽。

在這個特別的傍晚，我想起了自己接受治療師培訓時做過的一項練習。我們會分成兩組，其中一組的受訓者各拿一顆充氣的氣球；另一組的成員則拿到一些豌豆。接著，我所在的第二組要將豌豆丟向氣球。看著豌豆被氣球彈開，我才終於明白，倘若我們無法接受當事人在治療時傾訴的想法和重要的故事，它們就會像那些豌豆那樣從我們身上彈開，而我們也會錯過了和當事人交心的珍貴時刻。

雖然這天傍晚我很沮喪，但必須用心聆聽，因此，我花了一些時間讓自己準備好面對接下來的情況。有了咖啡的支援，我在下班回去面對自己的家庭生活之前，對這份工作又充滿了期望。

時間從下午慢慢進入傍晚，橘色光線透進了窗戶。日落的溫暖光芒真迷人，這是倫敦冬季的日常美景。我再次查看當事人的轉診信。

某個擔任精神科醫師的同事認為一位病患的情況突然惡化了，於是向我尋求建議，當事人的名字叫蓋瑞斯，未婚，六十歲，是退休律師。我的同事為蓋瑞斯治療憂鬱症已經將近十年了，在那段期間，蓋瑞斯住院治療了幾次，也曾經企圖結束自己的生命。我同事撐過了這些危機，除了讓自己在情緒上準備好，也用適當的藥物治療蓋瑞斯。他告知我，蓋瑞斯很少談論過去，但他三十幾歲左右在德國的一趟旅行中發生過一件事，很顯然就是問題的關鍵。

在同事告訴我的故事中，蓋瑞斯曾經讓一名年輕女性搭便車，結果在高速公路上跟一名打瞌睡的卡車駕駛發生碰撞，造成那名女性死亡。蓋瑞斯一直拒絕談論那場事故的細節，此後也飽受折磨了將近三十年。蓋瑞斯在這次憂鬱症發作並自殺未遂後，向我同事表示，他終於願意跟心理治療師談論自己的創傷經歷。

為了當事人，心理治療師經常跟精神科醫師合作會診，而我們的工作往往有許多重疊之處。不過，我們之間還是有一些關鍵的差異，其中最重要的就是治療方法。精神科醫師是受訓成為醫師，並且能夠開藥，因此，他們會花許多時間在病患的用藥管理上。然而，心理治療師著重的是協助當事人探索自我以及自身經歷，方式則是透過與當事人談話並運用各種心理治療技巧。

我會協助對方明白過往經驗是如何影響與形塑他們當下對於人生大事的反應。重點是此時此刻，而過去則提供了理解現在的平台。許多時候，像蓋瑞斯這樣的當事人會選擇找治療師而非精神科醫師傾吐心事，原因就在於時間限制。精神科的諮詢時間通常只有十五分鐘，主要是因為精神科醫師人數不足。不過，心理治療是一種談話治療，通常一次會持續五十至六十分鐘，讓當事人有充足的時間適應環境，逐步揭露自己內心最深處的情感。

最近有一項研究顯示，談話療法在治療憂鬱症方面的效果不亞於藥物，甚至可能更好。我相信藥物很重要，但著重於「關係」（relationship）才能讓人變得更好。要釋放你的情緒很不容易，而要解決它們就只有一個辦法：努力去做。在「看診」期間跟精神科醫師會面，通常是一種大大削弱自信心的經驗。當事人必須回答幾個草率的問題，然後收到強效藥物的處方，這可能會劇烈改變一個人的生活品質，有時候甚至變得更糟。在這種會面中，精神科醫師也具有權威的地位，而當事人的角色是安靜、服從、被動的「病患」。心理治療則截然不同。

心理治療師與精神科醫師最大的不同之處，在於我們對於治療對象的稱呼。這一點很重要，畢竟我們使用的詞彙會反映出我們如何看待自己所提供的幫助。例如，精神科醫師會將診療的人稱為「病患」（patient）。“Patient”一詞來自拉丁文的“pati”，有「受苦」之意，也就是「受苦的人」，因此這會用來指接受醫療的人。「病患」也暗示了從醫師到病患之間的一種階級關係。另一方面，「當事人」（client，又稱個案、案主）一詞則由治療師採用，代表我們拒絕使用這種醫療方法，而是以心理成長與療癒的概念來取代。我們相信當事人是因為個人疏離與社會疏離的心理狀態而受苦，因此要引導他們往新的方向找出解決之道，使他們擁有力量，並從情緒痛苦之中解脫。然而，在所有心理健康專業人士（心理學家、精神科醫師、社工、心理治療師等等）以及他們想要幫助的人之間，對於要使用「病患」或「當事人」的術語選擇，仍然存在著爭議。

我聽見輕輕的敲門聲，打開門後看見了蓋瑞斯。他在我打招呼前就簡短地說了聲「你好」，然後直接走進來。他的步態帶有軍人的剛直感，立刻讓我覺得這次應該不太好處理。不過，他看起來好像有一段時間沒刮鬍子了，這跟他散發出的軍人姿態形成明顯的對比。他發紅的皮膚上散布著灰色毛髮，長度不長也尚未成型，不像是刻意留的鬍鬚。他的身形肩寬脖粗，可見得以前很健壯，不過現在增加了一些體重，曾經鍛鍊過的肌肉大部分都轉變成脂肪。他看起來就跟一般上了年紀的男人沒兩樣。我想從外表稍微了解他，於是趁他半轉過身忙著將外套掛在門後時，觀察了一下。

蓋瑞斯說話時，語氣輕柔但堅定，聲音像是因為菸癮而有點沙啞。他的眼睛是淡藍色的，彷彿兩道細縫，眼皮鬆弛，散發著倦怠與冷淡的氣息。眉毛又高又彎，讓他露出一種好奇的表情，彷彿總是在問問題。結果，我就在只看外表的情況下，替他貼上了標籤。

我們沉默地坐了幾分鐘後，我問他覺得身體如何。蓋瑞斯描述自己的狀態：「我感到疲憊不堪。不管睡得再久，還是覺得很累，筋疲力盡。每天要起床都非常困難，甚至根本起不來。」

接著我問：「你在情緒上感覺如何？」

他說，以前也被問過這個問題很多次，可是他根本不知道自己的「感覺」。他講出這個詞的時候彷彿不太確定。他說，他甚至不知道「感覺」是什麼意思。他很熟悉自己極度憂鬱的狀態，也知道自己想要死。就只有這樣。

蓋瑞斯在第一次的治療中陷入情緒困擾，無法反省或沉思；他找不到詞彙來表達自己的情緒感受。

「你感覺如何？」這是治療師經常問當事人的問題。我們並未把它當成客套話，而是真的想知道答案。可是，這個問題有什麼意義呢？我們想從這種看似簡單的詢問中，收集到什麼資訊呢？

人們從很久以前就已經將身體與心靈連結起來，但也很常把憂鬱和其他心理疾患誤以為只是情緒問題。然而，精神疾病也會影響我們的身體。憂鬱不只是一種情緒，它會造成實質的影響，而且不容小覷。

根據《新英格蘭醫學期刊》（*New England Journal of Medicine*），家庭醫師診斷的身體症狀之中，至少有八〇%與壓力相關。為了減輕壓力與遏止身體症狀，我們在面對身體疾病和適應性心理活動時，當然也要考量心靈所扮演的角色。

針對心理表現的身體經驗（somatic experiencing）創傷療法，是由彼得．列文（Peter Levine）博士於一九九七年首度提出的一種概念。[1] 他根據在自然環境中對動物行為的觀察，發展出一套理論：與創傷有關的健康狀況，其實就是生理現象的心理表現。比方說，如果受到威脅，我們就會進入戰鬥（fight）、逃跑（flight）或僵住（freeze）的模式。我們的生存腦會接管控制，而我們會感受到一股巨大的能量湧現，因為這時身體充滿了逃跑或逃離所需的化學物質。

大多數當事人都沒經歷過真正的威脅，因此這種「能量」會留在神經系統中，並藉由身體的動作表現出來，例如顫抖、打呵欠、刺痛或哭泣。在自然界中，你可以看到動物在逃離掠食者後全身發抖，這就是以健康的方式釋放創傷能量。對於人類，這種「切斷」的釋放會透過身體症狀呈現，例如消化問題、睡眠障礙，以及嚴重而持續的情緒困擾。

多年來，我觀察到大多數當事人都傾向於中斷這種過程，不讓身體表現出釋放的徵象。身體本來就有巧妙的療癒功能；身體會想要治好自己，獲得調節。可是當事人卻「覺得」不應該表現出這種情緒，會提醒自己「不要哭」、「不要發抖」，因此妨礙了與生俱來的自然療癒過程。在治療時，我們會鼓勵當事人相信自己的身體，別被負面的思維與行為壓垮。

我會透過一種叫作「提供資源」（resourcing）的策略，幫助當事人達到這種目標。這種過程是要讓意識能夠應付難以抵擋的神經反應。其作法則是想像會帶來寧靜、平和或快樂的某個地方或某段記憶，讓你感受到身體釋放能量，不會產生更多的情緒困擾。只要是能夠幫助身體從過度覺醒狀態平靜下來的事物，都可以當成資源。這也被稱為「容納之窗」（window of tolerance），意指一個人最能夠清晰思考的覺醒範圍。

如果你有討厭做的事，例如看牙醫或飛行，那麼你可以先想像一個所謂的「樂園」，在心中前往那裡，幫助自己度過難關。這是一種極為實用的工具，可以讓當事人在治療之外的時間，繼續採用有效的應對策略。我認為，有意識地探索與整合身心介面（mind-body interface）並建立正念，就是大幅改善當事人感到失連結（disconnection）與痛苦的關鍵。

蓋瑞斯和我在前幾次的治療中都保持沉默。在治療時，沉默通常是可以接受或甚至可預期的，不過，在一般的互動中，許多人都很害怕陷入沉默！然而，沉默也是一種重要的工具，能讓治療師更加了解治療關係、當事人心裡的矛盾，以及對方的防衛、抗拒、適應行為、人際風格。我並不擔心跟蓋瑞斯之間的沉默；從沉默當中可以得知很多事。我的角色既像是安靜、專心、主動的傾聽者，又有如激勵人心的訓練教官。

蓋瑞斯於下一週再度前來接受治療。我們同樣沉默地坐了一會兒之後，他突然決定談起自己在德國的經歷，簡短說明了發生的情況。

他聲音顫抖地說：「現在我只想說那都是我的錯。」

我問他這是什麼意思。

他解釋說：「她會死是我的錯。死的人應該是我，不是她。」

接著蓋瑞斯就不再開口，又退回了沉默之中。

他一說完，我自己就發生了一件非常奇怪的事。當時，我看著蓋瑞斯後方的牆面，那裡似乎出現了一個女孩的影子；光線照出陰影，而我們的心以自己的方式去理解那些形狀，感覺非常特別。我以為那是自己的想像，可是那個形象相當清晰，讓我好奇這是不是值得注意的關鍵。雖然蓋瑞斯並未詳細說明在德國發生的意外以及那個女孩之死，但他陳述的內容已經足以讓我「投射」出她的樣子。

投射經常發生於有危機與壓力的時候，此刻的情感也會變得難以控制。與其承認、接受並擁有自己的想法、情感與行為，我們會覺得將它們投射到別人身上比較容易。投射是一種自然發生的無意識過程，通常不會經過規畫或深思熟慮。佛洛伊德最早運用了投射的概念，來解釋與解決個人情感外化的過程。他更進一步將此概念定義為一種防衛機制，用於應付個人無法處理的內在焦慮。佛洛伊德相信，人會利用投射讓自己免於受到威脅。他認為，人也會盡可能利用投射來減緩焦慮與避免衝突。

那天稍晚，我在督導（supervision）時，提起了這個情況。

督導是一種正式的合約安排，由一位治療師和一位有經驗並具適當資格的同事參與，而我們同意定期會面，藉此反思並討論彼此的臨床工作。在督導中，治療師可以談論自己治療當事人時遇到的挑戰、採用的方法，以及任何疑慮。

我們在治療時，必須理解與掌握當事人所投射的情感，並且嘗試藉由這些資訊來明白當事人的情況。不過，就算在督導期間討論，我們還是無法理解那個影子的涵義。而且這一切也沒有真正的意義，除非蓋瑞斯能夠完整說出他的故事，揭露他暗藏許久的祕密。但那要等上一段時間。在那之前，我只能提出這個合理的解釋：我會看見一個女孩的影子，可能跟我和蓋瑞斯有限的對話中所無法得知或感受到的某件事有關。事後看來，蓋瑞斯似乎是要告訴我什麼，而他的潛意識在跟我的潛意識溝通。

同時，我們在每次治療時仍然沉默相對，而我也繼續耐心等待，並且準備好在蓋瑞斯開口時給予支持。我只是跟他一起坐著，但我知道自己對這個過程不夠用心。我在講課時，總會告訴學生：「一定要非常仔細地聆聽當事人說的話。你在治療時段剛開始的前兩分鐘所聽到的內容，就有許多能夠幫助當事人的線索，而且其中通常都會有某種隱喻。」

蓋瑞斯陳述了「我甚至不知道感覺是什麼意思」，促使我請他說明，不「知道」自己的感覺是什麼意思。

他的回答是：「就像在我頭頂上的陰影。」

或許那就是我所看見的影子，只是當時我不明白。這個隱喻描述了他的感受。

在接下來的幾次治療中，我們大部分時間仍然保持沉默，不過，我在他第十次治療時，嘗試更進一步地解開他的隱喻。我問那個影子的形狀、大小、運動方式。他說，是個年輕女孩的影子一直飄浮在他的頭頂上；也就是我所「見到」的那個女孩影子。

我追問下去：「你看到這個影子時有什麼感覺？」

對蓋瑞斯這種當事人來說，心理治療的過程或許會很可怕，尤其是我們並不清楚治療「應該」是什麼樣子，或是跟另一個人一起坐在房間裡，為什麼能幫助自己在人生中做出持續的改變。在心理治療過程中，使用「影子」之類的隱喻其實並不少見。治療師經常對當事人使用隱喻，幫助對方理解某一種或是一連串的經驗。對於經驗的共同理解，能讓我們在溝通時理解彼此，最後才能更深入探索我們想要做的改變。

研究顯示，隱喻的使用與情緒變化有關，特別是某些證據指出，人在談論情緒（尤其是強烈的情緒）時，隱喻出現的頻率也會增加。這能讓我們跳脫情緒，以更客觀的方式審視它。隱喻也會提供一種圖像，幫助他人進入你的世界。雖說一張圖勝過千言萬語，但一幅文字圖像（隱喻）偶爾也能達到同樣的效果。爬山就是一種很棒的隱喻，這代表了我們生活中的許多挑戰。

蓋瑞斯過了幾分鐘才回應。最後，他遲疑地告訴我，他其實很怕把自己的想法告訴我。他坦承很掙扎，一方面想保護自己，一方面又想讓我幫助他。他安靜了好一陣子才繼續說：「我知道可以跟你談，可是我很害怕。要是把自己的心事告訴你，我擔心你會怎麼看我。」我們經常會退縮，就是出自這種害怕造成別人反感的想法，而我認為這就是治療的用途。在這個地方，無論當事人想到或透露什麼，都不會把治療師嚇跑！

我向蓋瑞斯保證，身為他的治療師，他可以信任我，隨時想要說什麼都可以。有直覺的治療師都知道，從第一通電話到最後一節治療時段，在當事人與治療師關係中發生的一切都會有幫助。一切經驗都能夠被處理成有用的東西；破壞力可以改造成生產力。身為治療師，我的工作就是提供最安全的療癒空間，不攙雜私人的需求和自我。只要知道並信守這一點，就能讓治療更為深入，使我跟當事人更加互相尊重，也更有可能達到最棒、最深刻的療癒效果。

隨著治療過程推進，蓋瑞斯終於開始說話，但出於某種理由，我決定不詢問他之前為何保持沉默。我猜他需要感受到自主與掌控，這在他生活中其他領域是無法實現的。因此，他才會在諮商室裡跟我沉默以對，實現他的需求。畢竟這是他的治療，不是我的。當事人的自主，是治療界限五大原則的基礎之一，最適當的說明如下：

1. **獲益**（beneficence）：諮商心理師必須承擔責任，促進對當事人有益之事，並期望當事人從諮商會面中獲益。
2. **免受傷害**（nonmaleficence）：不做出有害之事。諮商心理師必須隨時避免（包括在無意中）從事可能導致與當事人利益衝突之活動或情況。

3. **自主**（autonomy）：諮商心理師有鼓勵當事人獨立思考與決策的道德責任，並防止當事人產生任何形式之依賴。

4. **公正**（justice）：諮商心理師承諾對所有當事人提供平等與公平之服務，無論其年齡、性別、人種、種族背景、文化、殘疾、社經地位。

5. **忠誠**（fidelity）：誠實對待當事人，並且信守諮商心理師之承諾，致力改善當事人之情況。[2]

我們繼續進行每週會談，在過程中，我偶爾會向蓋瑞斯確認這些會面是否對他有幫助。他很肯定地說有幫助，不過，大部分時間他只想要安靜地坐著思考。

然而，在第十次來訪時，他終於決定說出自己的故事，揭露了糾纏他將近三十年的悲慘祕密。這件事發生在他四十多歲的時候，從此影響了他的整段人生。許多年來他一直在接受幫助，可是情況根本沒有改善。要把發生在那麼久以前、自己還年輕時的事告訴我，這並不容易。

故事慢慢浮現。

蓋瑞斯本來是一位事業有成的歐洲律師，由於他的法律事務所在英國和德國都有據點，因此他每年都會開車往返於倫敦和慕尼黑之間數次。

那一次，他要從德國開車回去，在途中順路載一位年輕女子到倫敦，對方的年紀大約二十出頭，之前一直在歐洲搭便車自助旅行。他說，她的名字叫黛芙妮，來自倫敦；她看見他的車牌，知道他是從英國來的，說不定能載她一程。她是哲學系的學生，花了一年的時間在歐洲遊歷，那時候正好要返家。

蓋瑞斯和黛芙妮就這樣開車旅行兩天，兩人聊個不停，而且在途中墜入了愛河。雖然蓋瑞斯意識到彼此的年齡差距，但就是無法抗拒這位年輕女子。他覺得她有極為強烈的吸引力。

「我們有好多共通點。」他輕聲地說：「我們馬上就變得熟悉了。原來她喜歡的一切，我也喜歡。我發現我們甚至會擺出一樣的姿勢，看待世界的方式也相同。」

可是他們還在德國境內時，發生了一場嚴重的車禍。當時，蓋瑞斯正在說話，突然有一輛卡車從路口出現，而且速度過快。

「對我而言，要談論這件事太困難了。」蓋瑞斯說：「而且重點其實不應該是我。最重要的應該是那個被我害死的女孩，關於黛芙妮以及為她哀悼的親友，還有他們受到的強烈打擊。」

我承認這是事實，但還是鼓勵蓋瑞斯試著敘述車禍之後的情況，我告訴他，把事情說出來對他會有好處。他說那些事有點模糊了，不過，他記得有一輛救護車很快就抵達了，警察也是。他被帶到當地警局做了筆錄。他試過好幾次想詢問黛芙妮的狀況；雖然他很擔心她，但還是覺得她會活下來。畢竟他自己並未受到重傷。最後，他被帶出會談室，接著有一群警察告知他，黛芙妮在送往醫院的途中過世了。她沒能生還的消息，讓他感到天旋地轉，跌坐到一張椅子上，警方則是不打擾他，讓他獨自消化並面對這場災難帶來的情緒。

他記得自己查看她的物品，在救護車抵達時抓起她的包包，想找到她父母的聯絡方式。最後，他找到了她家的電話號碼，撥打了人生中最難熬的一通電話。

他在猶豫地跟黛芙妮的母親交談時，震驚地發現，對方竟然是他的前女友——那個女人叫瑪麗亞，在超過二十年前曾經和他交往。太離奇了！真不敢想像這個消息對蓋瑞斯的衝擊有多大。他在瑪麗亞懷上他的孩子之後，遺棄了她，因為當時蓋瑞斯很年輕，對於要投入一段關係這件事感到害怕，從沒為此努力過。就算我擁有這麼多年的經驗，也絕對無法體會已經很脆弱的蓋瑞斯所感受到的無數情緒。

許多人對這種突然領悟的經歷有不同的定義，例如「偶然」、不尋常，或是無法解釋的事件隨機結合並違背常理。生命中發生的大多數事情，都是我們無法控制的。無論再怎麼仔細規畫生命，你都不知道單一的隨機事件會造成什麼影響。一個小細節就有可能改變一切。一件偶然的事，可能會毀掉或促成最精心策畫的計畫，我們稱此為「共時性」（synchronicity）。當你跟自己想要的「事」同步，那件「事」就更有可能實現。正因如此，相像的人總是會聚在一起；他們的頻率相當。

共時性是一種對生命的無意識覺察。這些年來，我在治療中觀察、追蹤、整合及解讀共時性模式的能力，已經大幅成長。我會抱持懷疑態度，而適度懷疑也是治療過程中的一項關鍵，但這不表示我只要有心理或情緒上的不適，就能拒絕相信當事人。

在《巧合：偶然或命運》（*Coincidences: Chance or Fate*）一書中，作者肯·安德森（Ken Anderson）耗費數年時間記錄了一連串現實生活中的巧合。[3] 安德森在書中提到了許多巧合，其中一個發生於挪威，時間是一九七九年夏天，而這次事件也刊登在當地的日報上。當時十五歲的羅伯·約翰森（Robert Johansen）正在一座峽灣釣魚，釣到了一條十磅重的漂亮鱈魚，得意地帶去給祖母泰克拉·阿南（Thekla Aanen）當午餐。當泰克拉·阿南處理魚的時候，在魚肚裡發現了她家族的女性代代相傳的鑽石戒指，那只戒指在許多年前就已經遺失，現在終於回到家中，可想而知她會有多麼驚訝。

可惜的是，我們沒有科學或客觀的方式能夠證明共時性是真是假。然而，最近有些研究試圖透過科學來解釋我們如何辨識、理解或甚至控制日常生活中巧合發生的頻率。研究巧合的權威伯納德．貝特曼（Bernard Beitman）博士提出了「網格細胞」（grid cells）的概念，這種細胞位於大腦的海馬迴附近，是共時性的一項因素。[4] 貝特曼博士探討了從量子物理到人類心理學等眾多理論，說明共時性事件通常會被歸因於運氣、超自然事件或宗教。貝特曼提供了個人經驗、歷史事件及其他故事，記錄了不符合機率並改變生命的事件。更有趣的是，他審視了個人在創造與發現巧合的過程中所扮演的角色，尤其是在經歷強烈情緒、需求與轉變的時候。

共時性和偶然也可能會反向運作，有意義的巧合也可能造成不愉快。如果你說「我一定會遲到」或「我很倒霉」，那麼共時性就會對你不利。「共時性」一詞最早出現於心理學家卡爾．榮格一九五二年的論文《共時性：非因果性聯繫的原則》（*Synchronicity: An Acausal Connecting*

Principle），用以描述毫不相關的人或事件之間所發生的偶然事件。[5] 榮格還使用了另一個術語，叫「集體潛意識」（collective unconscious）。每個人在集體潛意識層面都有所關聯。意識和物質是連結在一起的。也許我們看起來不一樣，但組成我們的東西都一樣。一座山、一棵樹、一個人，我們全都是用相同的材料製造出來。

無論你認為這些事件是命運的轉折或巧合，它們都值得注意，必須在治療中加以分析與深思，就像蓋瑞斯的遭遇。儘管如此，共時性仍然是個有趣的哲學概念，而且說到底，在我們彼此的關係中，最重要的還是信任。信任是決定關係能否維持的主要因素（或許可以說是最重要的）。信任是一種巨大的概念，其定義依學科而各有不同。我認為，信任會刺激人類求生，也會驅使我們在生命中不斷前進。

在下一次會面時，我問蓋瑞斯有什麼感覺。他告訴我，目前什麼感覺都沒有，只是漠然地看待現實與人們。不過，他清楚地表示，當時他必須離開警察局，回到旅館房間，在凌晨三點打電話給黛芙妮在英國的父母，說他們的女兒死於一場車禍，而開車的人就是他，那真是他所做過最困難的事了。他不知道黛芙妮的父母會有什麼反應。但無論他想像再怎麼難熬的談話內容，都比不上實際發生的情況。

「我被她母親的回答嚇傻了。」蓋瑞斯說：「我忘記她確切說了什麼，可是我很清楚記得那種感受。我先向她表明身分，結果她既受到衝擊又驚訝地哭著說：『蓋瑞斯，我是瑪麗亞！我們交往過一年，而你在我懷了黛芙妮的時候丟下我。她是你的女兒。』」

他也清楚記得隔天早上在旅館房間裡醒來時的感覺。有一瞬間，那就像是一個平凡的日子。他是一位成功的律師，剛在國外處理完工作，正要回英國，而這是個令人興奮的世界。不過，前一晚的事件湧上了他的心頭。黑暗降臨，他突然覺得自己沒有資格活下去。

「我害死了一個人；我不知道她是我的女兒，而且我還跟她發生了關係，我很想死……」

我們不得不在此刻停止治療。蓋瑞斯對他揭露的事感到傷心欲絕，已經麻木到無法再交談下去了。

在人們遇到童年受虐、創傷或悲痛等極端的情況時，身體與心靈會自然進入麻木的模式，這算是我們所謂的「僵直反應」（freezing response）。先前提過，身為哺乳動物的我們，天生就知道該戰鬥或逃跑，這是在人類與動物身上都有的一種自動生化反應，它能讓我們在遭受威脅時迅速產生足以逃跑或戰鬥的能量。這種自動反應會驅使我們在危險的時候採取行動。然而，很少人知道僵直反應（先前也提過）是同樣重要並密切相關的生存機制。「嚇到僵住」或「害怕到動彈不得」這些形容，就反映出哺乳動物的這種特徵。「因為看到車燈而愣住」的鹿，也是相同反應。然而，有些時候，這種保護性反射在真正的創傷過後仍會持續許久，成為一種生活方式。所以，像蓋瑞斯這類當事人才會變得情緒疏離，以一種「解離」或「失去自我感」的方式經歷人生。蓋瑞斯就像這樣僵住了三十年。

在下一次會面中，蓋瑞斯想要表達他對於黛芙妮的親近感。開始會談時，我問他是怎麼跟她在身體方面變得親密的。

他告訴我，他們第一次見面時就感受到彼此的吸引力。在開了幾個鐘頭的車之後，他們決定到休息站小歇一下。進入停車場休息後，他記得他們一直對看著，最後她伸出手觸碰他的臉頰。

「我感覺到她柔軟的皮膚觸摸著我的臉頰。」蓋瑞斯告訴我。他握住她的手，等待了一會兒，然後他們就擁抱起來。

我問蓋瑞斯在當下喜歡黛芙妮的哪一點。

「她美極了！」他大聲說：「我記得她的深褐色眼睛抓住了我的靈

魂，包覆了我的心。她有雕塑般的體態，既苗條又柔韌，腰身纖細，皮膚白皙。我記得她個性開朗，聲音甜美，這一點我很喜歡。我記得我們一起坐在車上，她慢慢靠近我，表情像是在說：『別動，相信我。』於是我靜止不動。她閉上眼睛，然後深深地親吻我。」

蓋瑞斯和黛芙妮在車上發生了性關係，而蓋瑞斯形容那是他此生有過最激情的性愛。「那是我所經歷過最激烈也最深情的親吻。但她可是我的女兒啊！我並不知道！我覺得好羞愧，只想結束這種痛苦和折磨。她已經不在了，我根本沒辦法對她說，抱歉親愛的，我對妳做了那些事。拜託，拜託原諒我！」

我很同情蓋瑞斯，因為他必須向全世界隱瞞自己和黛芙妮的真正關係，這些年來一定很難熬。

「在我的生命中，沒有人知道這件事的全貌。你是第一個知道的。」他說道。

在治療中最有效的方法，就是鼓勵當事人做自己。如果你問任何人，什麼最能讓一個人感到安全、穩定與安心，答案往往是「能夠接納自己的環境」。人類是會尋求關係的生物。身為人類，我們需要有歸屬感，也想得到他人的接納。鼓勵當事人做自己，就是讓他們能夠接受自己痛苦的情緒。要處理極端或甚至可怕的情緒，其實非常困難；然而，接納你的情緒可以幫助你改善情緒調節、減少情緒搖擺，並且促進情緒平衡。情緒隸屬於一種複雜的系統，會協助我們決定自己應該遠離或接近什麼目標。情緒也會幫助我們和其他人維持長久的關係。少了情緒，我們就會不斷地做出糟糕的決定。接納情緒之所以有幫助，是因為我們在傾聽自己的情緒時，能夠真正得到重要的資訊。

二十世紀最具影響力的心理學思想家卡爾・羅傑斯（Carl Rogers）認為，若想促進真正的心理與情緒療癒，治療師必須特別跟當事人建立起一種同理的關係，這種關係的基礎是：無論當事人說了什麼、做了什麼或者有什麼感受，治療師都要無條件接納當事人。[6]這種無條件的接納，就是治療成功的關鍵。為了發掘當事人真正的自我，治療師必須讓當事人感到徹底安心，不覺得自己受到評估、批評或批判性的審查。只有提供一個安全與接納的環境，當事人才能夠無拘無束地探索並接納自我，治療師也才能促進真正且持久的治療性改變，發揮確實的療癒效果。

如果我無條件接納當事人，他們就會感到安心，最後也願意揭露自己內心深處的痛苦。我可以提出必要的問題，主要是希望能得到誠實並有幫助的答案。

我問蓋瑞斯，在遇見黛芙妮之前的感情生活是什麼樣子。他說，在認識黛芙妮之前，不清楚當中到底缺少了什麼，只覺得自己跟任何人都不太適合。我想，很多人對此都有同感。我們會裝模作樣，各方面似乎都過得很好。只是我們知道好像少了某個東西，而我們往往也說不上來那東西到底是什麼。

「她進入我的生命時，感覺好像全世界都停止了，而且那一刻一切都變得很完美。我很自在，感到安心，也終於知道愛有多麼神奇。」蓋瑞斯解釋道：「但我現在明白，這是父母對孩子的愛！」

根據蓋瑞斯對這段關係的描述，顯然他和黛芙妮的潛意識都想發展出親密關係，像父親與孩子那樣觸摸和感受。那股自然的力量非常強大，以至於他們在不知情也未意識到社會規範的情況下，完全釋放了情感。成年後才跟父母或兄弟姊妹相遇而產生的性吸引力，是一種確認存在的現象，雖然罕見卻有可能發生。我們都會受到熟悉的人事物吸引。

然而，要將亂倫合理化，甚至接納「合意」的「遺傳性吸引」（genetic sexual attraction），其實是極為複雜的概念，尤其是當中牽扯了較年長的父母和可能涉世未深的年輕對象。「遺傳性吸引」是指一個人對家庭成員感受到強烈性吸引力的症狀，對方可能是表親、親手足或半手足、父母或祖父母。在沒有其他人存在的情況下與近親交配，這種現象在人類歷史上已持續了數千年。蓋瑞斯這個案例中，關鍵在於他並不知道黛芙妮是自己的女兒。因此，最重要的問題是，這樣到底算不算是亂倫，或者只是一般的性邂逅？而蓋瑞斯在犯下真正的錯誤後，為什麼不能原諒自己？或許更重要的是，為什麼他覺得社會無法原諒他？我們心中都有這些根深柢固的禁忌，想像自己面臨蓋瑞斯的處境，你會有什麼感覺？我們所聽到與學到的一切，都會讓我們對父母與孩子發生性關係一事，做出憎惡的反應。

這是一件複雜的案例，而我的學術訓練也不可能讓我做好這方面的準備。我有許多當事人經歷過跟蓋瑞斯同樣嚴重的創傷，他們都很難建立起健康的依附關係。要以治療師身分獲得蓋瑞斯這種患者的信任非常困難，因為他們很害怕會被遺棄。我繼續每週與蓋瑞斯會面。在其中一次會面裡，他問我，對他的情況有何看法？或者說得更具體一點，我認為是什麼讓他感到痛苦？我向他解釋，在我看來，折磨他的是複雜的悲傷，再加上憂鬱與創傷。我告訴他，悲傷是生命中不可避免的一部分，而它通常會自行消除。也許它無法完全消散，但往往會發生變化，融入日常生活，讓感到悲傷的人能夠繼續前進。

然而，如果悲傷不會逐漸改善解決，就稱為「複雜性悲傷」或「複雜的悲傷」。這類悲傷起因於困難且經常處於矛盾的關係，讓倖存者留下了未解決的感受，像是內疚、羞恥、憤怒、懊悔，而這種感受有可能會惡化，甚至持續許多年。身為治療師，要釐清複雜性悲傷的混亂狀態非常艱鉅。事實上，由於這段複雜關係的其中一人已經過世，我們只有一半的因素能夠運用，所以很難找到解答。蓋瑞斯和黛芙妮組成了一個相當難解的「方程式」。

蓋瑞斯經歷的所有創傷事件，讓他產生了好幾層心理創傷，這些都必須處理。為了不影響他在過去六個月的治療裡可能得到的情緒幸福感，我必須一次解決一個問題。黛芙妮之死和蓋瑞斯的長期悲傷，似乎是一個合理的起點，畢竟他過去三十年一直在為失去女兒而哀悼。

與「遺傳性吸引」相關的社會污名與恥辱，導致蓋瑞斯不認為自己能夠為他的孩子感到悲傷，也無法處理失去她的愧疚和隨後的感受。蓋瑞斯在黛芙妮死去時悲痛欲絕，但就算她已經過世三十年了，蓋瑞斯的許多症狀也毫無改變：每天以淚洗面、極度焦慮、無助、根深柢固的罪惡感與社會孤立感。這些問題似乎超越了單純的哀悼。對蓋瑞斯而言，這些壓抑的情感產生了自我毀滅的傾向，並且以憤怒的形式向外投射，或是以自我憎恨的形式向內投射。因此，我們的主要治療目標是認同蓋瑞斯的悲傷，讓他有個安全的地方能夠為痛失至親而哀悼。

治療進入第八個月時，在六月某個星期五晚上的會面中，蓋瑞斯和我一起坐著度過了倫敦的一場突如其來的雷雨。在將近一個小時裡，這座城市經歷了一場精采的天氣事件。我記得當時看見了一道亮藍色閃電光芒，接著是一聲巨大的雷鳴。

在這段時間裡，蓋瑞斯一直覺得心神不寧，沒有安全感。他說，這種天氣狀況讓他想起了黛芙妮，因為發生車禍的那天晚上也有打雷。巨大的聲響導致憤怒、暴力的感受在蓋瑞斯身上累積，在他的心裡迴盪。他解釋道，就在事故之後，以及這些年來接受精神病治療的期間，他一直會做可怕的惡夢，夢中他的周圍都是充滿血腥的混亂，此外，他也會重複做一個相同的夢，在夢中不斷地跑向車子要去救黛芙妮，此時他就會嚇醒，不停哭泣，然後再也睡不著了。

我問他，他認為自己為什麼會一直做相同的夢。重複的夢是一種常見現象，有三分之二的人都曾經歷過。這些夢不一定表示你牽掛著某事或某人，但可能象徵你的感受和憂慮。夢的內容不一定每次都一模一樣，可是反覆出現的主題通常代表你心中有尚未解決的事。我問蓋瑞斯，我這樣總結他所發生的事情是否合理，而他也表示認同。透過治療，只要他心中的衝突得到解決，那麼重複出現的夢應該就會消失。

蓋瑞斯的症狀以及反覆出現的夢，象徵了他內在的衝突與恐懼。他害怕自己會爆發危險的衝動，於是學會壓抑，然而，這些感受還是會滲透出來。內在的威脅占據了他的心，所以他不能集中精神、無法過得愉快，也睡不好覺。如果他讓自己像在睡覺時那樣「釋放」，他的暴力情緒可能會失控，就跟夢中一樣。

現在，該找出辦法讓他逐漸接受自己的悲傷了。我問他，對黛芙妮已經不在人世的事有什麼感覺。

「我覺得很失落。」他說：「我好像不知道該做什麼或怎麼生活。」

「你可以告訴我，當時你得知她過世後的感受嗎？」

「我非常害怕、內疚、憤怒。」蓋瑞斯回答道：「我不知道自己該怎麼面對。」

他是不是在告訴我，他現在的感受就跟三十年前一樣？

「我猜是吧。」他確認了。「那有什麼不對嗎？」

我向他解釋，悲傷是一種過程，會經歷數個階段：否認（denial）、憤怒（anger）、討價還價（bargaining）、沮喪（depression）、接受（acceptance）。然而，我們也知道悲傷的過程很複雜，而且是孤立並持續的；我們需要情緒能量，才能在巨大的不公平之中找到意義。這是在表面之下發生，外在世界無法看見。

我向蓋瑞斯說明，為了讓他處理悲傷，他必須度過所有的階段，到達能夠接受的程度，並對未來感到樂觀。也許我們不會以直線前進的方式通過各個階段，經常向前移動了卻又往後，讓進度倒退，而這種情況可能會發生好幾次，但我們必須試著繼續前進。每個人經歷和表現悲傷的方式都不一樣，此外，這也會受到各種因素影響，例如死者和我們的關係、對方在什麼情況下死去、我們以前失去某人的經歷，以及我們所處的文化。適應失去重要之人的過程完全因人而異，這往往取決於個人的背景、信仰，以及所失去的關係。

悲傷的第一個階段是接受現實，經歷隨著悲傷而來的痛苦，努力適應沒有對方的生活，並且減少投入於悲傷的情緒能量，將其轉移至別處，好讓自己繼續前進。雖然蓋瑞斯能夠理解悲傷的過程，也知道自己這些年來應該感受到的一連串情緒，但他還是無法面對女兒的死亡。有時候人們的悲傷會持續好幾年，似乎連暫時緩解都沒辦法。我告訴他，有些時候，失去所愛之人會引起問題，讓我們無法確實地經歷悲傷。也許是我們跟死者之間還有事情尚未解決，或者我們認為自己少了對方就撐不下去。

悲傷也會因為其他情況而變得更複雜，尤其是沮喪。我們對於離世者的依賴程度，也會使事情複雜化。說不定我們後來失去了其他人，未能完全克服傷痛，這又跟先前未解決的事件牽扯在一起，導致悲傷的感受就算過了數十年仍然同樣強烈。又或許我們想尋求寬恕，卻因為太過沮喪與憤怒而無法提出要求。這種因為憤怒而對寬恕產生抗拒的情況，在治療中並不罕見。即使患者知道有憤怒、內疚或恐懼這類問題，仍然會感到無助，或是無法真正釋放情緒。

「但我該如何釋放？」這是我在諮商室中最常聽見的問題。對方會這樣問很好，這表示他現在已經意識到問題之所在，而且想尋求解決之道。這正好能讓我們認識那個使自己陷入消極的心理過程。我們的重點是要釋放愧疚、憤怒與恐懼。這些情緒就像「膠水」，會將負面看法固定住，讓我們無法消除那些阻擋了快樂與安詳的認知情緒模式。我認為，治療就是一種認知情緒的過程，而寬恕就是核心的重點與方法。無論發展停滯的程度為何，只要得到寬恕，負面信念就會被正面信念取代。這麼一來，生活自然就會改善。

我問蓋瑞斯，他認為是什麼問題讓他無法克服黛芙妮的死亡。

蓋瑞斯回答道：「我猜可能是請求她的寬恕吧。」我告訴他說：「寬恕的重點是讓你自己相信事情已經解決，而你也不需要再背負重擔。放下過去的事，你才能繼續過自己的人生；這是悲傷過程（grieving process）中的關鍵。」

蓋瑞斯想知道他該如何寬恕自己。

我告訴他，一個好的開始是寫一封信給黛芙妮，敘述他們的關係和他的感受，這樣他就能放心表達自己最強烈的悲傷。由於悲傷過程並非線性，在其中會牽涉到各種情緒：震驚、懷疑、困惑、悲哀、愧疚、憤怒、疲累；這還只是其中一些。如果不表達這些強烈的情緒，我們可能真的會生病。寫信往往會引發強烈的悲痛或傷心感受，而且人們可能會邊寫邊哭。這對某些人而言幫助很大，因為他們可以更有效地處理痛苦（而非逃避、憤怒或試圖逼迫自己跳脫），內心的平靜也會隨之而來。「不必顧忌自己寫了什麼。」我告訴蓋瑞斯說：「使用強烈的語言，把你想要對她說的一切都說出來。不過，最重要的是，下次會面時你可以帶著信，大聲讀出來，讓我們一起探討內容。」

這種信的用途並非寄給對方（如果對方還活著的話），而是要幫助當事人處理占據心中的強烈情緒，例如憤怒和沮喪。治療信的作用，是要延伸在治療過程中起始的意義建構工作，讓治療的效果能夠在諮商室之外繼續發展。當事人在治療時段中，也許無法識別及傳達一些難過的感受，而治療信可以幫助他們做到這件事。這麼一來，當事人就能透過安全的媒介表達這些難過的感受，也終於能得到釋放與解脫。寫信的過程在本質上是一種合作，能讓當事人依照自己的步調進行，同時也促進當事人的賦能（empowerment）與療癒。

我知道這個過程對蓋瑞斯會有幫助，因為他可以把未說出口的話告訴女兒。他會覺得寫信就像把自己的感受告訴她。他在下次會面時把信帶了過來，透過這封信，他不僅開始表達自己的感覺，也向對方乞求寬恕。我們經過了數次會面後，才徹底探討完信件內容。然而，其中有一次會面特別令人心酸。

蓋瑞斯告訴我，寫作練習幫助他釋放了一直被鎖在心裡的感受，那些感受先前讓他覺得自己被「困住」了。「寫作」這個簡單的過程能讓我們「一吐為快」，具有宣洩的作用。

蓋瑞斯壓抑在內心的感受，現在已經能夠向外表達，儘管黛芙妮已經不在人世，無法感受這些流露的情緒。這項練習幫助他重新確認了自己對女兒的愛，也讓他開始原諒自己在不知情之下跟她發生了性關係。蓋瑞斯讀信時的表情憔悴而陰鬱；他癱坐在椅子上，雙臂緊抱著自己，彷彿失去親人的重量壓得他無法坐直。對他而言，黛芙妮彷彿是昨天才過世的。以下是信件內容的摘錄：

我不是要尋求理解或原諒，我真的對自己做的事感到懊悔。我不只對遺棄的事感到後悔，現在我也明白我們在德國那場情感與性的邂逅，簡直令人髮指。我知道妳沒機會發現我是妳的父親，而且妳去世時也不知道這件事。我不確定自己是否能彌補我對妳做的事，但請相信，我每一天都為此感到苦惱。我並不完美，也不會假裝完美，可是我知道，如果這一切能重來，我一定會擁抱妳而不是傷害妳。

如果我能回到德國的那一次相遇，如果我知道妳是我的孩子，我一定會直接離開，絕對不會碰妳。我的不當行為，為自己帶來了極大的痛苦與折磨，而我也承擔全部的責任，這百分之百是我的錯。我不會為這種事感到自豪。我真的對自己的行為感到羞愧。遇到妳時，我看見了一道無法忽視的明亮光芒。妳是如此耀眼，讓我想要盡可能接近妳。我想認識妳。我想跟妳在一起。我一聽見妳的聲音，就知道妳很特別。我們在車上聊了好幾個鐘頭，還分享彼此最隱私的祕密。在一起相處的短暫時間裡，我們大笑，玩耍，然後又大笑。我想要這一切，而我完全不知道妳是我的孩子。

有時候，我覺得自己對妳所做的事實在太可惡了。有時候，我覺得自己連下地獄都不配，但另一方面我又希望自己下地獄，因為地獄之火造成的痛苦會不斷提醒我，讓我想起自己因為這些罪孽而每天感受到的痛苦。我真的很抱歉，也很希望能讓時間倒轉，可是我沒辦法。我在心裡告訴自己，我把妳當成孩子疼愛。我寫下這些，懇求得到妳的原諒。我愛妳，我想妳。我真的非常抱歉，沒機會能把妳抱在懷裡、看著妳的眼睛、輕撫妳的頭髮、親吻妳的臉頰。我愛妳，黛芙妮，而我希望情況會有所不同。我保證我會再見到妳，下一次，妳可以叫我爸爸。

蓋瑞斯繼續接受心理治療，而失去黛芙妮的這件事，也隨著時間變成比較能夠容忍的過程。蓋瑞斯持續受到激勵，後來我們也達成目標，除了減少他的憂鬱，也處理了他為黛芙妮感到的悲傷。他變得更有活力，更有意志力，也找到了更多興趣。自我批評的情況減少了。他想要自殺的念頭消失了。

跟典型的悲傷相比，蓋瑞斯的複雜性悲傷較為持久，情緒也更加強烈，而且處於嚴重階段的時間更長。這種悲傷往往源自失去某人而特別難熬的痛苦，考驗著當事人的情緒與社會資源，也取決於哀悼者與過世者的關係有多深刻。**時間**的流逝通常是悲傷唯一的解藥，不過時間對蓋瑞斯並沒有幫助。在黛芙妮不幸去世後那麼多年，他還是覺得自己被悲傷吞噬。

當然，我們沒有辦法填補所愛之人的空缺，最終也必須接受他們已不存在的事實。但就算接受了現實，許多人在想到亡者時，仍然會感受到痛苦、憤怒、渴望與寂寞等情緒，而且也希望他們還在身邊。

註釋

1. Levine, P.A. (1997). *Waking the Tiger: Healing Trauma–The Innate Capacity to Transform Overwhelming Experiences.* Berkeley, CA: North Atlantic.

2. Herlihy, B., & Corey, G. (1996). *Boundary Issues in Counseling: Multiple Roles and Responsibilities.* 3rd edition. Alexandria, VA: American Counseling Association, 2015.

3. Anderson, K. (1995). *Coincidences: Chances ofr Fate.* New York: Blandford.

4. Beitman, B.D. (2016). *Connecting with Coincidence: The New Science for Using Synchronicity and Serendipity in Your Life.* Deerfield Beach, FL: Health Communications.

5. Jung, C. G. (1952). *Synchronicity: An Acausal Connecting Principle.* Princeton, NJ: Princeton University Press, 1960.

6. Rogers, C. R. (1961). *On Becoming a Person: A Therapist's View of Psychotherapy.* London: Constable & Robinson, 2004.

Chapter 3

走不出親人自殺與遭遺棄陰影的海倫

那天早上，我的第一位當事人海倫遲到了幾分鐘。她打電話給櫃檯總機，說明自己正卡在車陣之中。守時的習慣其實也是線索，有些當事人會準時出現，這是一種有意識的決定，原因是他們完全不想待在等候室。其他人則會遲到，這也傳達了一種訊息，表示他們根本不想做這件事。治療的相遇（encounter），從當事人查看治療師的網站時就開始了，這個過程在透過電話或電子郵件預約時持續，並在等候室裡穩固下來。在那裡，一切都變得真實了。

當然，心理治療可以在各種環境中進行：醫院、學校、大學，甚至是治療師的家。如果當事人抵達時處於焦躁狀態，就不一定會注意到諮商室的裝飾風格，或是等候室裡的細節。他們只會聚焦於跟治療師交談的機會。然而，環境的整體氣氛，或許是幫助當事人放鬆的關鍵，此外，目前也有研究指出，諮商的環境可能會影響當事人的心理及生理幸福感。這不只適用於諮商室，也包括等候室，這是一種整體的經驗。

心理治療對當事人而言，可能是很複雜的過程，因此他們會根據自己的理解來評估治療體驗。至少在最初階段，這種理解就起始於空間的舒適感，以及接待員的友好程度。我們都知道那種感覺：焦慮地抵達某個地方，而前來接待的人歡迎我們，使我們感到安心。或者情況也有可能相反，我們都知道那種感覺有多麼討厭。等候室會為治療的體驗定調。

我們一進入等候室，會立刻注意到燈光、聲音和氣味。最棒的空間能夠讓心力交瘁與焦躁不安的人稍作喘息，例如有舒服的沙發、雜誌，甚至是一杯咖啡，當然一定會有飲用水。坐在等候室裡，可能會引發許多種感受：孤立、沮喪、無聊。但它也可能使人平靜，某些人甚至還會有期待的感覺。

「等候室」意味著一種被動的狀態，甚至是停滯的狀態。我們要在等候室裡做什麼都可以；有時候想要翻閱過期的《Hello!》雜誌、打瞌睡、瀏覽臉書或Instagram的動態，讓心靈暫時休息，才能定下心去見治療師。

雖然當事人每週只會在等候室待上一小段時間，但他們通常會在那裡跟彼此建立起某種關係。這也許需要長期發展，不過定時會面的當事人每週可能都會看見前一個時段的同一位當事人出現在諮商室，如此持續許多年。這就是一種理解，一種熟悉感，點頭致意，或許微笑以對。這能夠為某些人減輕治療時的壓力。

那個星期五的早上，二十多歲的海倫終於踏進診所，我對她的第一印象，跟她在電子郵件裡的自述完全符合。先前我們曾經在保密的前提下通信，而她在信中說明自己目前的情況，以及她想見我的原因。海倫看起來很消沉，自尊心低落。她的臉色蒼白，有點彎腰駝背，沒什麼精神，也不太說話。她是直接打電話預約的。現在，她遲到了，不過還是到了。

要走進陌生人的辦公室，然後開始談論自己的想法與感受，這可是需要勇氣的。在與當事人第一次會面之前，為了讓他們更安心，我會提議先跟他們用電話交談，或是像海倫這樣透過電子郵件往返。她在信中訴說了低自尊和無價值感等情況，對未來的看法也十分悲觀，並表示：「我的未來毫無希望。」

她告訴我，她在十幾歲時第一次出現憂鬱症狀，此後又復發了好幾次。她正在服用家庭醫師開的抗憂鬱藥，可是從未接受過心理治療，一直到現在。雖然藥物有幫助，但她不想一輩子靠藥物，於是決定來找我，看能不能解決問題。

她也在信中提到童年受過很大的創傷，但並未詳細說明。她說，小時候的一切都會連結到痛苦的感受；當時，她跟父親同住，父親是一位退休教師，母親過世了，不過她記得母親是一個開朗又樂觀的人。

那天上午為治療定下了基調，就跟其他當事人的第一次會面一樣。第一次的治療中會發生很多事：我們見到本人，傾聽對方的故事，提供資訊，做出評估，如果他們想要繼續的話，就要討論未來的治療時段。當然，每位當事人第一次治療的性質與形式可能差異甚大，這取決於個人及文化、宗教和年齡等因素。

長期接觸來自各種文化的當事人，讓我更能夠察覺不同文化對於治療過程的影響。文化會影響我們對於人際互動的期望，也會影響我們對健康和療癒的理解。舉個簡單的例子，人們在身體生病時會以不同方式尋求醫療協助。在不一樣的文化背景下，有些人會選擇專業醫療方式，但有些人可能會選擇其他作法，例如順勢療法、禁食或針灸。

在明白文化於人們生活中所扮演的角色後，我從不假設每個人都會有一樣的生活經驗與生命故事，儘管某些當事人確實具有若干相同的特性。每個人在文化中都有自己的位置，而文化除了包含種族，也涵蓋了其他社會層面，像是家庭文化、學術文化、工作場所文化、女性與男性文化、宗教文化等。當事人的精神和宗教影響也很重要。這些資訊就存在於我們會面時的背景中，可以在必要時加以利用。

在第一次會面中，我會向當事人解釋治療的意義。通常我會這麼說：「治療是一種成長並深入了解自己的機會。根據我的經驗，我相信痛苦雖然可能深植於你的過去，但療癒是當下的事。為了了解你現在的問題，我們或許會審視過去，但主要還是聚焦於此時此地。我們不會深入探究問題，而是要檢視困住你的限制性信念（limiting belief）。我們要尋找力量、資源及替代的解決方式。」

而所有治療到了這個階段，都會先以一個故事開端，講述當事人為何會來到我的諮商室。這會開啟一扇窗，提供豐富的自傳式回憶與敘事，最後確認我們治療的焦點與走向。

我請海倫多講一些關於她自己的生命故事，尤其是她在電子郵件中提到的母親之死。我想多了解那段早期的創傷。

海倫告訴我，她出生於布萊頓鎮（Brighton），而在大半輩子裡，家人幾乎都生活於此。她最早的創傷發生在六歲左右，那是一個晴朗的週日午後，她和母親前往布萊頓鎮的海灘。那種場景不難想像，萬里無雲的藍色天空，充滿海鷗的叫聲，以及孩童在海灘上遊玩的嘻笑聲。一個小女孩在母親身邊蹦蹦跳跳，或許還向前衝，急著跑去玩水。

海倫告訴我，她母親通常會坐在鵝卵石上，而她則會跑到海邊，讓腳趾浸在海水淺淺的波浪中。她會朝母親揮手，然後跑回去。海倫的母親會給她一個大大的擁抱，接著，海倫又會重新往返一次。這是一個美好的場景，是母親和女兒一起度過的寶貴時光。

「我以為她會一直在那裡等我吧。」海倫說道。她的聲音失去了敘述快樂回憶時的溫度。「但她就是在那片海灘拋棄我的。她就這樣把我留在海灘，讓我一個人玩水。在父親來接我之前，我根本不知道自己在那裡玩了多久。」

當時，海倫的父親用某個理由解釋了母親的離開，而她也相信並跟著父親回家了。

「那時我並不害怕。」她說：「我很高興能跟父親一起走。我只是個天真的孩子，沒必要懷疑他。我從來沒想過母親會毫無理由就離開我。」

母親拋棄了原本應該要好好保護的孩子，把她獨自留在公共場所並直接離開，似乎完全不在意這個脆弱的孩子會發生什麼事，這種行為確實令人難以接受。

「所以妳何時才明白母親遺棄了妳，而且永遠不會回來？」我不得不這麼問。

海倫表示，她不太記得什麼時候突然領悟到母親不會回來了。她慢慢意識到情況改變了，因為從那天之後，大家就不再談論她母親了。

我想，這種事對一個孩子而言一定非常難理解。母親原本是她生命中的支柱，如今竟然再也沒人提起。那天，她跟父親從海灘回到家，母親就這樣突然消失了，只剩下一個模糊的說詞，說她的身體不太好，搬去跟一位親戚住了。

海倫和母親經常去散步，還會一起探索海灘及附近的村莊，所以從那時起，海倫不管到哪裡都會想起母親。每當她去到某處，想像以前的情況，再想想現在的情況，就會覺得很痛苦。然而，接下來的幾個月和幾年，大家都對她母親的消失隻字不提，要是海倫鼓起勇氣提到這件事，話題很快就會被轉移。

幾年後，到了她十二歲時，父親終於決定告訴她真相。那是一個星期五的下午，她剛放學回家，接著就是聖誕假期了。

這時，海倫開始哭了起來。顯然要談論這件事令她很難過，於是我告訴她慢慢來，不必著急。

後來，她繼續說下去，我也聽得出她語氣中的痛苦。

「我記得那是一個平凡又陰冷的十二月天。」海倫說：「我坐在父親的左邊，我們倆並肩而坐。他用低沉的嗓音輕聲說話，我記得自己很不安，他說話的態度非常嚴肅，讓我很緊張。他正在準備說出某件事，可是我無法專心聽，直到他在最後說出這幾個字：『海倫，妳母親死了。她永遠不會回來了。她在妳六歲的時候把妳丟在海灘，然後就自殺了。』」

我問海倫當時有什麼回應，以及有什麼感受。

她難以置信。

「他說母親離開了我們，跟她的親戚一起住在伯明罕，而且她的身體不好。有時候他還向我保證，母親終究會回家的……所以當他告訴我母親死了，我記得自己還突然大笑起來。

「父親開始用手心輕輕撫摸我的背，就像在安撫嬰兒那樣。這是一種安慰的動作。他又說了一次，母親自殺了，就在她把我留在海灘的那一天。母親回家後，就在飯廳上吊自殺，當時父親正在車庫清理車子，進屋發現後立刻報警，警察帶走了母親的屍體。我記得父親在說這些話時，眼神變得呆滯，嘴角下垂，眉頭深鎖，好像一朵雲遮住了太陽，臉上彷彿出現陰影。我還維持著僵硬的笑容，但後來我們都哭了。」

我問海倫記不記得接下來的情況。

「我記得父親發出一種聲音，充滿痛苦又拉得很長的單音，到現在都揮之不去。它在我的心裡迴響，也穿透了我。」她說：「我走進浴室，記得自己吞下一把止痛藥，然後回到臥室躺在那裡看著窗外，感覺自己的心跳很快。我告訴自己，這一定是死亡的感覺，而痛苦將會消失，一切就會結束，這樣才是最好的。父親一直進來查看我，顯得很擔憂。最後，我昏睡過去，隔天醒來時頭痛得要命。」

她的反應並不令人意外；你可以想像一下，自己在十二歲那年聽到這種事之後會有什麼創傷。而你原本以為父親或母親只是去了其他地方，就在國內的某處。

那天早上，她認為自己想死；她再也無法面對了。她回到浴室想吃下更多藥丸自殺。但父親早就料到她會這麼做，先拿走了止痛藥。

在與當事人第一次會面時的尾聲，我通常會試著詢問他們對於這次會面的體驗，以及跟我交談的感受。我問海倫：「妳說過要談論感受和母親的死很困難，而妳今天在這裡對我說了很多關於自己的感受。妳覺得這樣如何？」

這種對於關係的反思，會為接下來的治療定調。海倫說，她發現要把話說出來非常容易，而且覺得很安全。我也很高興聽到這樣的回應。我問她，在會面結束之前還有沒有想說的話。

她思考了片刻之後說：「最奇怪的一點是，母親是個外向的人。她很有自信，也很容易交到朋友。她以前是老師，也會跟同事交際。我就是不懂為什麼她要自殺。」

從孩子的角度來看，這種共存的矛盾確實很難合理解釋。在她眼中，母親自信、外向又快樂，但她卻不得不面對赤裸裸的事實：母親一定是個非常不開心的女人，而她身為女兒，竟然無法阻止母親結束自己的生命。

跟海倫的會面，使我想起以前見過在自殺後存活下來的當事人。自殺的念頭有時會巧妙地隱蔽起來，外表可能是開朗勇敢的笑容、有趣豐富的笑話和成熟的防衛機制。想死的人不一定總是害羞內向，或是明顯處於痛苦和創傷之中。

最明顯的例子是媒體報導自殺者的事件時，會試圖提供某個「理由」，為不合邏輯的自我了結一事找出邏輯。這種情況在名人自殺時特別常見，因為達到世界級成就的人竟然會感到痛苦，這似乎太不合理了。聽到美國演員羅賓．威廉斯（Robin Williams）這種知名又傑出的人自殺時，我們都會有一個問題：對方擁有這麼多我們想要的東西，為什麼會選擇結束生命。

「尋找理由」遊戲的危險之處，在於我們很容易就會認為對方一定相當自私或懦弱，而我也很常聽見媒體和個人對於自殺者做出這樣的解釋。以海倫的母親為例，她似乎並未經歷悲慘的婚姻，也不是無可救藥的成癮者。在我的經驗中，多數人會自殺通常都是因為憂鬱症，沒有什麼其他的「理由」——憂鬱症這種導致許多悲劇的疾病本身，就足以構成理由了。我們的大腦都有缺陷，容易陷入岌岌可危的脆弱狀態，就像海倫的母親和羅賓．威廉斯等名人那樣。

人們會過度樂觀地認為，有了更多的愛、金錢、成就，生活就會變得更好、更快樂。我並不是說金錢、愛與成就並不重要。但我很希望大家知道生活中還有其他重要的事物，不是只有金錢、成就及愛！在我們的文化中，很多人會把愛理想化。我們會把它看得很崇高，認為它是解決生活中所有問題的萬靈藥。正因為把愛理想化，我們往往高估了它，而我們的關係也會因此付出代價。發生這種情況時，我們很可能會忽略一些基本的價值觀，例如尊重、謙遜，以及我們對自己關心的人所許下的承諾。畢竟，要是愛能解決一切，何必去煩惱生活中的其他「東西」呢？

「愛」是一個很強大的字眼，或許是最強烈也最具情感的字詞。然而，人們對於如何定義「愛」，卻有著極大的困惑。也許是因為愛的範圍與力量，使我們無法理解其定義。當我們說到「愛」，所指的都是對自己而言獨一無二的某件事。問題是，對其他人來說，不一定是相同的事。

就我個人而言，「愛」是指我在與他人的關係之中能夠完全做自己，有時可以很強大，有時能提供養分，有時會心碎，有時自私，有時慷慨。同時，它也有足夠的空間，讓我的完整自我可以容納對方的完整自我。對於那些來找我的情緒受傷者，他們需要時間來代謝這些感受，才能夠創造出讓自己變得完整的空間。我之所以知道，是因為我自己也曾經是當事人，而我對治療師的依附有多種形式。

剛開始接受治療時，治療師對我的重要性就有如重力，讓我不會迷失方向。當時，我不會多想他對我有什麼看法。他一直表現出想要理解我的樣子，那就夠了。他並未因為我把混亂情緒傾吐得到處都是而退縮。隨著時間推移，他一致的態度，他的耐心、體貼——當然還有愛——這些都幫助我再度成為完整的自己。

我們的文化對於愛的美與感動特別熟悉；我們知道它最美妙的樣子，也會在影片、歌曲、童話故事和宗教中讚頌愛的狂喜。了解愛這件事，可謂我們最基本的需求。

在這裡，我是指最廣義的純粹之愛，這種愛超越了對特定某人的情感，並包含了我們對於寵物、家園、自然、思想、書籍、藝術品的愛。熱戀時，易變的情愛可能來得快去得也快，而且可能造成有害、上癮或痛苦的效果；相較之下，內心的純粹之愛只會讓人更充實。正如史考特・派克（Scott Peck）在其《心靈地圖》（*The Road Less Traveled*）一書中所提：

「愛總是需要勇氣，也必須冒險。」[1]

我相信大多數的心理治療師都同意，心理治療的重點就在於愛，特別是長期治療。對我們而言，治療的明確目標並非幫助當事人去感受更多的愛或更懂得去愛，儘管情況經常如此。所謂的愛，是指當事人和治療師在這段心理治療中可以感受到的東西，這也是心理治療過程的一部分。

當事人會在產生心理困擾時來找我們，其原因往往是覺得自己不被喜歡或遭到拒絕。所以，他們很渴望知道自己還能夠愛與被愛。因此，我們對於當事人的愛，基本上就是展現一種富有同情心的關懷，並以啟發且感人的方式讓對方接受人類的弱點、複雜及力量，使當事人能夠面對未知的無助感。

海倫在下一週來接受第二次治療。她一開始就說明，在我們第一次談話過後，她就想用更明亮的顏色來重新裝飾臥室，比如黃色。她很想讓我知道，她對治療過程一事感到希望，也想對自己在憂鬱狀態下待了那麼久的環境做出實際的改變。

我告訴她，我替她感到開心。這象徵著一個嶄新又積極的開始。不過，我也想繼續探究她在十二歲時得知母親死去之後的感受。那是對於父母之死特別敏感的年紀，而我想知道這對她有什麼影響。

青少年的悲傷可能會受到許多因素影響，這取決於年輕人的認知與情緒發展，包括他們和對方的獨特關係，以及對方的死亡方式等等。青少年的發展變化，可能會讓他們對死亡產生極度強烈的反應。青少年悲傷的方式，跟孩童或成人截然不同，而且往往無法完全理解所愛之人死去後的持續影響。他們因為喪失親友而經歷強烈情緒的時間，也會比成人更短，而且在當中的某些時期還能夠恢復正常活動。

對青少年來說，「否認」（denial）偶爾也是一種有用的應對機制，因為它有時候可以發揮過濾的效果，一次只讓少量的資訊進入。不過，在心理治療的過程中，回憶也是很重要的一部分。對大多數的十二歲青少年而言，他們在生命中某個時期受到的創傷，可能就只是像一張難看的自拍照，然而，海倫經歷的創傷卻超乎預期。

光是提起死者的名字，就足以發揮重要的作用，可以讓孩童與青少年分享自己對於死者的想法、感受和問題。他們必須能夠以對自己有意義的方式記住死者。鼓勵孩童或青少年表達與談論感受，是非常重要的作法，而且他們只需要分享對於死者的情感和回憶即可。

治療師要扮演如何克服悲傷的榜樣。孩童與青少年會在生活中模仿成人的因應技巧。然而，海倫母親自殺所引起的這種複雜性悲傷，會產生一種更強烈的困惑，因為這類死亡會伴隨著社會污名和羞恥感。這會讓人產生難堪的感受，然後以自我憎恨的形式向內投射。這些年輕人往往會覺得孤獨和孤立，無法以正常的方式宣洩悲傷。

如果孩童和青少年對於所愛之人的悲傷無法解決，這份悲傷就會變得更複雜，他們通常會覺得內疚、恐懼、被遺棄或是憂鬱。複雜性悲傷有幾種指標症狀：「思念並尋找死者，心中只有對於死者的想法，對未來覺得漫無目的和徒勞，麻木不仁並與其他人疏離，難以接受死亡，失去安全感及控制感，對死亡感到憤怒與痛苦。」[2]

✦ ✦ ✦

「多年來，我幾乎假裝自己從未有過母親。」海倫說：「我不談論她，也不承認想念她。我記得自己會偷哭。」

有時候，失去親友的年輕人為了處理悲傷及其相關情緒，可能會做出冒險的行為。海倫說，她在十六歲時因為未成年開車和吸食大麻被捕。她還和年齡幾乎是自己兩倍大的男人發生關係。她對母親自殺的事，感到憤怒與受傷，於是用酒精和藥物來淹沒自己的情緒。

海倫說：「多年來，我一直深陷在憂鬱、焦慮、悲傷和內疚之中。我就像青少年時期那樣整晚狂歡，還告訴自己，這樣做很開心，試圖用各種錯誤的方式解放自己。」

這個不尋常的故事讓她變成一個憂鬱、焦慮又缺乏自信的大人，然而，母親遺棄她這件事，只是其中的一小部分。

「關於母親的離開，最糟的是我感受到無法控制的情緒。」海倫說：「前一分鐘你還很積極，下一分鐘你就變得消極了。前一分鐘我還在笑，下一分鐘我就因為看見、聽見或聞到某種會讓我想起她的東西而強忍淚水。但我認為，關於她的自殺，最糟糕的不是她死了（我們最後都會死），而是讓羞恥與責備一直困擾還活著的人，就像我和父親那樣。我覺得，社會對於心理健康問題污名化的情形已經改善許多，但那種羞恥感仍然存在。」

遺憾的是，海倫說得沒錯，當你所愛的人自殺而死，這確實會引起強烈的羞恥感。社區中的居民會聽到謠言，做出假設，而他們不只會批評死者，也會批評關愛死者的人。

「那麼，妳父親是怎麼處理的，還有妳在聽到他說出母親自殺一事之後，妳跟他的關係變得如何？」我問道。

「他徹底把母親的消失和死亡當成了一切的藉口。」海倫說：「他不是壞人，但他在母親死後變成了酗酒者。他不是會使用暴力或虐待的酒鬼，他只是會喝得很醉，而這毀掉了他的生活和我的生活。他是在母親死後開始酗酒的。」

這當然會影響這對父女的關係。

海倫繼續解釋，她總是覺得自己和父親很疏遠，因為他們彼此很少交談。她不敢跟他說話，因為她不想對母親已不在人世的事而生他的氣。她覺得他不夠堅強，無法面對。

這個想法很有趣。有多少人會覺得自己可能是壓垮駱駝的最後一根稻草而裹足不前呢？海倫告訴我，父親從未嘗試找她談過，也從沒問過她，對於父代母職一事有何感想。海倫進入青少年時期後，就負責為父親準備晚餐，也要做其他家務事。他們一直沒有針對這種情況溝通，造成了父女的關係疏離，而她父親似乎都在逃避面對自己的感受。

雖然某些自我了結生命的人，有明顯的心理健康問題（例如臨床憂鬱症），但其他人卻沒有。某些人會提及想自殺，或者給予其他暗示，有些人卻不會。這種事可能是在他們行動前的幾個小時、幾分鐘或幾秒鐘才決定的。當一個人突然無預警地結束自己的生命，其他人根本沒有機會預料到或做好準備。那些人可能並不知道自己所愛的人正在受苦，他們通常會受到出其不意的打擊，完全不知所措。

每個人都不一樣，自殺的理由也是。很多人是因為感受到強烈的憂鬱、憤怒、沮喪、絕望或驚慌。不過，雖然有相當大比例的自殺企圖是源自於一時的衝動，但在本質上，並非所有自殺企圖都是由衝動造成。某些行為可能暗示著潛在的自殺風險，例如：不尋常或意外地拜訪、聯絡親友；向人道別時彷彿像永別；產生無價值感及自我憎恨；試圖取得槍枝、藥物或其他能用於自殺的物品。在我的經驗中，展現出這些跡象的當事人，通常在表達自己的痛苦，希望得到身邊人們的回應。這些是非常有用的危險訊號，不應該被忽視。

海倫不認為父親知道母親正在掙扎。

很多人都知道，失去所愛之人的感受總是非常難熬。我們的反應會受到死亡形式的影響，特別是突然或意外死亡。我們和死者的關係也會影響這種反應。自殺事件造成的痛苦，可能是最難承受的，正如海倫所經歷的。在自殺事件後，像海倫和她父親之類的遺族會遇到很多沒有答案的問題；謎團的重要線索都不見了。親友自殺後，最難熬的部分就是無法完全理解對方這麼做的原因。

遺族會迫切希望創造出一種說法，來解釋為何所愛之人結束了自己的生命。他們會變成私家偵探，展開地毯式搜索，研究電話帳單和所愛之人的行為，並且訪視跟他們接觸過的任何人，但通常都毫無結果。

海倫在母親的日記中尋找線索；母親是在她出生時開始寫日記的，而她試圖透過內容，以便了解母親以及她們母女之間的關係。有一段時間，她盡力收集了母親的每一張照片，檢查她的眼神是否流露出悲傷。雖然這種在舊照片中搜尋答案的行為，光是想像就很痛苦了，但對一個有這麼多未解之謎的年輕人來說，要抗拒那種衝動幾乎不可能。

隨著年齡增長，海倫開始試著以其他方式尋找答案，例如求助靈媒，以及請求警方提供母親死去那天的報告。可是，每一個答案都會產生更多無法解答的問題，到頭來，她似乎還是不了解母親的死。

事實上，我們永遠找不到能夠解決未知的滿意答案。遺族會重溫死亡之前的事件；「如果……會怎麼樣」的念頭會糾纏著他們。他們會一直想著「本來如何、應該如何、可以如何」，結果卻產生更多的焦慮與自責。我問海倫，是否熟悉這種情況，她馬上就承認了。

海倫哭了起來，於是我們暫停治療。我看得出她很恐慌，而且開始過度換氣。她陷入焦慮，並表示脖子很痛，身體的疼痛似乎跟她所表達的想法有關，她在談論童年時經常會感到身體疼痛。

我提議放慢速度，海倫嘆了一口氣。

在治療中，嘆息或深呼吸通常代表了釋放。我讓海倫放慢下來，鼓勵她放輕鬆，讓她的神經系統釋放緊張感。那次的會面發生了很多事，所以我要海倫一次只想一件事，一次只處理一段經驗，然後再繼續下去。

我們在治療中處理愈多資訊，就會愈覺得難以承受。我想幫助海倫自我調節，並且擺脫她在談論過去創傷時習慣陷入的恐懼和焦慮狀態。

在這個過程中，我們試著在她神經系統的邊緣處理資訊，同時搭配她的想法與回憶。這也稱為「正念（覺察）」（mindfulness）。研究指出，正念會運用大腦中的神經通路，讓神經系統平靜下來。這些神經通路使用得愈多，效果就愈強。

運用正念，我們就會開始注意身體在焦慮出現時的狀況，同時也會創造出正念技巧，幫助當事人向神經系統「發出安全信號」。這麼一來，當事人就能夠放慢對於刺激的反應，控制身體的恐懼反應（戰鬥或逃跑），並且隨著時間提升自己對於不安感受的忍耐力。

正念策略會改變你的負面思考方式，讓你看清本質：那些就只是來來去去的無意義話語。這種詮釋上的改變，會降低想法觸發反應的可能性。

有個例子能讓我們更了解這種方法：假設我們的想法就像電影配樂，接著再想像有兩個一模一樣的場景，畫面是一對男女在半夜開車。其中一個版本播放著歡快的音樂，或許還暗示著有一場浪漫邂逅。身為觀眾的我們，可能會預期他們在前往目的地時會展開一段戀愛關係。現在想像相同的場景。只是這一次，配樂變得很陰暗、不祥、憂鬱。現在，身為觀眾的我們，就會預期他們即將發生不愉快的事。正念能幫助你感受到場景的安全與快樂，哪怕音樂營造的感覺完全相反。正念可以幫助當事人學會改變自己的配樂。

我建議海倫閉上眼睛，問她能不能回到自己突然想發揮創意裝飾臥房的那一刻：「就是妳產生那個想法的當下。」我提醒她說：「告訴我那件事，然後妳是怎麼做的？妳是何時行動的？妳是怎麼準備材料，為自己創造了這個漂亮的空間？一間全新裝飾了明亮色彩的臥房……有點像子宮，或是一種安全的『容器』。」

我請海倫坐著想像她那間充滿正面氣息的新臥房，也回想裝飾時的經驗。在她讓自己於腦海中回到臥房並創造積極的環境時，我問她是否注意到身體發生任何變化。

「傾聽妳的心。只要花一點時間，然後讓我知道……當妳放慢下來，只專注於身體的時候，妳的身體有什麼感覺？」

海倫回答，身體的感覺很好，軀幹部分覺得很溫暖，就像房間牆面上的黃色。我幫助她找到了自己的內在資源，並且專注於裝飾房間的積極行動與身體感覺之間的連結，尤其要海倫感受她透過這件事給予自己的一切關愛。

等她放慢下來之後，我才能試著繼續探問。

遺族所必須面對最痛苦也最複雜的問題就是：「為什麼？」這個問題可能會折磨他們一輩子。即使有充分的自殺理由，被留下來的人仍然無法接受自殺者會認為這是唯一的解決辦法。

自殺起因於疾病，而這種病來自心理、精神與情緒。社會對於自殺者的態度，比看待癌症或交通意外造成的死亡更複雜。

我們必須謹慎看待「犯下自殺」（commited suicide）這種說法。「犯下」會讓人聯想到某人任性、故意做出離譜的錯事。跟這個字詞類似的用法還包括：「犯（罪）」、「應受譴責」、「有罪」及「應該負責」。那些自我了結生命的人並不想死，但他們已經無法承受活在疾病造成的巨大痛苦之中。對於那些自殺未遂或已經自殺的人，我們最好要記得的不是他們的憂鬱、焦慮和自殺身亡，因為他們也是被愛和被想念的人。

想像你是個孩子，安全地生活在父母為你打造的世界中，確信他們會永遠照顧你、親吻你。父母自殺的後果是深遠且難以想像的。這會奪去孩子的一部分人格，並且引發一種情緒的骨牌效應，持續影響到成年以後，往往也會導致混亂。我想向海倫解釋父母自殺所造成的情緒後果。

首先是懷疑。這真的發生在我身上嗎？受到影響的人會難以理解現實，覺得那彷彿是一場夢，而且很想從可怕的夢中醒來，結果卻徒勞無功。失去對現實的掌握後，人們就會處於一種過渡的狀態，不知道該相信什麼、不該相信什麼。

其次是幻滅。父母曾經是孩子在這世上最重要的人，可是當對方不復存在，也就表示孩子的世界停止了運轉。

第三種情緒後果是低自尊。會發生這種情況，原因在於孩子打從內心相信自殺事件是自己造成的，是因為自己引發了這麼可怕的行為。這會讓人開始失去信心。

低自尊會導致優柔寡斷，並使人以狹隘的觀點看待世界。這種視角會改變當事人對環境的感知，或多或少改變了他們對一切的感受。他們所遭遇的一切，都會受到這種負面看法所污染。他們對於事實和現實的看法完全被扭曲了。

因此，人們才會將憂鬱描述為像是大腦在欺騙你。雖然你的大腦是以其理解來詮釋一切，但由於你帶著負面心態，所以這種理解基本上就有缺陷。這種扭曲的現象很多變；有時候事情似乎很清晰，有時候情況卻明顯更糟，而且總是存在。

你沒辦法從其他視角出發，因此也無法看見背後的真相。

我向海倫解釋這些過程，讓她明白自己正在經歷什麼，以及父親的悲傷和母親自殺的事會如何影響她。

我們在談論自殺時，最好從「四個既定事實」的角度來檢視。此概念最早是由歐文・亞隆（Irvin Yalom）提出，[3] 稱為「既定事實」是因為它們都無法避免。死亡是其中一個「既定事實」，而活著的意義就是要以某種方式解決這些「既定事實」：

- **死亡**（death）：在知道自己會死的情況下，該如何生存下去？
- **自由**（freedom）：我們該怎麼運用自由，來選擇過好生活？
- **孤獨**（Isolation）：我們孤獨地出生，也孤獨地死去。我們該如何調和內在的「孤獨」感，以及對於陪伴的需求？
- **無意義**（meaninglessness）：我們該如何在本質上無意義的宇宙中創造意義？

這些「既定事實」也許看似截然不同，但其實都跟第一點緊密相關：

死亡。亞隆認為，人類意識的每個層面，都存在著對死亡與生俱來的恐懼；從最具意識和最有理智的層面，到最深層的潛意識都存在，而這會以死亡焦慮（death anxiety）的形式表現出來。

在這次的初步評估後，海倫認同她的主要目標就是處理並接受母親自殺與遺棄所造成的創傷。我採用傳統的當事人中心（client-centred）方法，來幫助海倫處理這種創傷，也就是仔細向海倫分析她所講述的內容，同時幫助她經歷相關的情緒狀態。我們在前十週的治療過程中幾乎都是使用這種方法。

一九五〇年代，人文主義治療（humanistic treatment）開始在美國流行。卡爾．羅傑斯認為，比起行為或心理動力學家所提供的治療，諮商更直接、更溫暖，也更有希望。在跟心理動力與行為方法比較之後，他相信能夠使當事人得到激勵的作法，是反思當下的主觀經驗，而非任何隱含意圖或他人對於當事人情況的看法。羅傑斯表示，治療師應該要溫暖、真誠、善解人意，這樣才能夠改變當事人的狀況。[4]

在我們一起合作的這個早期階段中，海倫講述的內容主要是最初母親自殺所造成的創傷、她巨大的失落感，以及她對未來的恐懼。當海倫第一次聽到父親揭露母親再也不會回來，並且早在她六歲時自殺的事，她震驚到恐慌發作，還產生了自殺的念頭。她談到自己對未來的恐懼，也無法面對現實。為了說明這種感覺，她描述那就像在一座大湖裡，周圍都是陡峭山壁，而她勉強可以呼吸，卻無法靠自己的力量離開這座湖，需要有人丟救生圈給她。

你可以想像那有多麼令人驚慌：試圖離開卻發現自己沉下水面，而且找不到任何可以幫忙的人。海倫需要有人讓她知道如何脫離自己的處境。

她想要有人告訴她，該怎麼理解並處理自己所失去的一切。

許多人因為害怕死亡而無法全心全意生活。由於我們都會在某個時候死亡，所以死亡焦慮是人類經驗中很正常的一部分。然而，唐・米蓋爾・魯伊茲（Don Miguel Ruiz）[5]在《四個約定》（*The Four Agreements*）一書中提到了「順服死亡天使」。他的意思是，要接受萬物無常。沒有什麼東西是真正屬於我們的，一切都是暫時借來的，而死亡可以隨時取回它們。死亡會讓我們脫離日常，提醒我們生命的短暫。

來到第五次治療時，海倫敘述的內容開始出現變化。在我看來，海倫的情緒創傷已經不再那麼嚴重，彷彿她開始接受並承認那些難熬與痛苦的感受，而她也終於明白有些事情自己無法控制，於是決定不再掙扎。在那次會面中，我運用了一項練習，藉由一種簡單的反思過程來幫助海倫承接自己的感受。

我要她找出自己現在的情緒，例如憤怒或悲傷。接著，我給她下列的指示：「閉上眼睛（如果可以安心這麼做的話），想像把那種情緒放在面前一．五公尺處。想像你把它放在外頭幾分鐘，好好觀察它。」接著，我請她回答以下的問題。如果妳的情緒有大小，它的大小如何？如果妳的情緒有形狀，它是什麼形狀？如果妳的情緒有顏色，它是什麼顏色？

接著，我以這段話為練習作結：「等妳回答完這些問題，就用妳認為的大小、形狀和顏色，來想像眼前的情緒。觀察它一下，認識它的樣子。準備好之後，妳就可以讓情緒回到心裡原本的位置。」

海倫完成練習後，我請她思考在這段經驗中注意到什麼。我問她這些問題：「妳稍微遠離情緒的時候，是否發現它有任何變化？妳對情緒的反應有沒有改變？妳給了情緒什麼樣的大小、形狀和顏色？練習結束後，情緒給妳的感覺是否有些許不同？」

這項練習是以「接納與承諾治療」（Acceptance and Commitment Therapy）為基礎，此療法已被證實能夠有效治療各種心理疾患。藉由這項練習，海倫聽到了關於自身故事的其他觀點，而這個能夠再次審視自身遭遇的機會，也讓她的其他感受得以浮現。她開始重新評估這些年來自己跟父親之間的艱難關係。我們取得了進展。

然而，隨著愈來愈多事情揭露，她的故事也激起了更複雜的情緒。在我們每週治療的第十個月時，海倫帶來了一則新消息。

「我想告訴你一件跟我父親有關的事。關於我母親的自殺，他一直沒讓我知道真相。上星期六我去看他的時候，他跟平常一樣醉，然後對我說：『妳母親不是妳的生母。』。」

我很驚訝。想像一下，海倫會有多訝異。起初，她因為失去母親而感到震驚，也經歷了隨之而來的各種複雜感受。現在，她卻第一次聽到母親並不是她的生母。她繼續說下去。

「我安靜地坐著，試圖消化衝擊的感受。我覺得想吐，我這一生都是個謊言，真是太可怕了。父親拿了一個信封給我，說我生母名叫桃樂絲。信封裡有一張手寫信，那筆跡幾乎跟我自己的一樣，有種奇怪的熟悉感，另外還有一張照片，是一個抱著嬰兒的女人。」

海倫告訴我，真相揭露時，她一點也不憤怒。她一開始的感受是替父親覺得悲傷，因為他保守了這個沉重的祕密這麼久。

海倫的生母在信中非常簡短地介紹了自己，並表示她很愛海倫，要海倫原諒她，因為她罹患乳癌，已經命在旦夕。信裡只有一張照片，而海倫發現母親寫完信不久後就在醫院過世了，當時海倫還很小。

父親告訴海倫，一直在照顧桃樂絲的護士，後來成了她的養母。在海倫的生母死後不久，這名護士跟海倫的父親便開始交往。後來他們結了婚，養母也將海倫視如己出。

接下來幾週，海倫試圖了解更多關於生母的事。父親告訴她，可以聯絡哪些親戚。有一位表親答應跟她見面。對方拿出一個盒子，裡面裝著四、五張海倫生母的照片，讓她一時之間說不出話來。照片裡的母親開心地笑著。後來，她又找到另一位親戚，對方記得她母親是個很特別的人，臉上永遠掛著笑容。海倫很高興能聽到這些話。

「那麼妳現在對養母有什麼感覺？」我問海倫。

「我覺得父親並不打算告訴我真相。」她說：「我問他為什麼以前不告訴我，他說因為我是個敏感的孩子，他不想讓我煩心，畢竟我已經因為養母的遺棄和自殺受到了心理創傷。我問他，為什麼連我成年以後也不告訴我，他說，他在我生母臨終時承諾會保守祕密，而她死的時候我才十個月大。我不相信，我覺得真正的原因是他怕我也會遺棄他。」

我告訴海倫，我認為她的生母不太可能有這種要求；這暗示了她父親在說謊。我解釋說，在許多情況下，說謊是最省力的方式。父母也是人，如果覺得自己可以欺騙別人並輕鬆解決問題，他們往往都會這麼做，特別是在面對孩子時。說謊也能讓我們不必承認錯誤或道歉。要承認自己的錯誤或做錯事並不容易。或許海倫的父親認為自己在桃樂絲死後太快跟別人發展關係而感到難堪，也會有很大的情緒壓力。

在最後幾個月，海倫決定試著跟原生家庭拉近關係，也就是她聯絡過的表親與舅父。我想知道她在見到一些親戚時有什麼感覺。然而，那段經驗似乎不太正面。她想了解更多關於生母的事，卻發現這些人對她來說只是陌生人。她聽了他們和她母親的童年故事，也聽過他們的回憶，但這些都對她毫無意義。無論是好是壞，她都沒有參與過。這是多麼令人失望的事，畢竟海倫很希望能夠藉此找到自己與過去的重要連結。

所以，她從中學到了什麼？毫無疑問，她明白自己為什麼從未覺得跟任何人有過真正的連結。她缺少了血統，不知道自己真正來自何處，這代表她從來沒有真正的歸屬感。現在，她認為自己終於得到了解釋。我想要指出我們也可以用正面角度來看待這件事。我問她，跟生母之間有沒有任何相似之處。

海倫馬上就承認她看出了一個相似點。「我現在知道自己的外表是從何而來了。我很高興知道或至少看到另一個人身上反映出自己的基因。我從小到大都沒有這種感覺，可是現在經歷過後，就算拿全世界給我，我也不換。當你第一次見到某人長著跟你一樣的顴骨、眼睛、下巴——不是你在鏡子裡看見的自己——那真是太神奇了！現在，我知道世界上有個人跟我很像。現在我知道那個人是誰了。我找到了自己在這顆星球上的容身之處，再也不會覺得這麼迷失，這麼格格不入了。」

她的思考帶有一種新的哲學觀。

「我猜，養育你的父母就是你的父母，儘管我的『母親』在我六歲時自殺了。而且，在成長時期認識的親戚，也全都跟我有『關係』。可是，除此之外就什麼也沒有了；我覺得自己跟毫無血緣關係的『曾曾祖母等人』之間，沒有半點連結。那些祖先是我父母和親戚的祖先，不是我的。我猜，我和原生家庭的情況正好相反。雖然我找到了他們，但跟他們在一起時，我並不覺得他們是我的表親或舅舅之類的。這跟陪著我一起長大的家族感覺不一樣。他們是跟我有血緣的陌生人，但跟我的過去沒有交集。然而，當他們談到我們共同的『曾曾祖母等人』，我確實感受到了連結。把他們和祖先聯繫起來的血統，同樣也聯繫著我。但不知為何，我並不覺得自己『屬於』任何一方。我覺得自己卡在中間。」

海倫發現自己跟非原生家庭之間的情感連結較為強烈，很擔心這是不對的。我向她解釋，不是只有DNA才能將人們聯繫在一起。許多人都跟非血親的人擁有緊密的家庭關係，同樣地，有些家庭的成員雖然有血緣關係，但相處起來卻不融洽。DNA並不會顯露一個人的情感依附，而是心智讓我們對他人產生愛的感受。

我不認為生物學是家庭基礎最重要的層面。有些人認為生物學上的關聯是為人父母所不可或缺的。然而，養父母與繼父母也擁有跟親生父母一樣的權利及義務。母親或父親就是照顧孩子的人，他們會安慰孩子、提供建議、付出無條件的愛，諸如此類。

父母會跟孩子發展出牢固的關係，最重要的是永遠支持孩子。一旦你們建立起那種連結，孩子是不是你親生的都不重要，尤其是親生父母未參與孩子的生活時。只要能負起責任地養育子女並給予愛，任何人都是「真正的父母」。

收養的關鍵，永遠都是生物學關聯和心理連結之間的問題。收養會使一般的發展階段變得更複雜，特別是關於依附和失落的問題。

在海倫的個案中，情況又更複雜，因為養母在她六歲時自殺，生母也在她還是嬰兒時期就死於癌症。此外，這種情況不只讓海倫感到痛苦，也讓她的父親很難受。

她的情緒包括了失落與悲傷、罪惡感、羞恥、信心不足，這對她的自我形象與認同產生了不良影響。她經歷了失控感、被拒感，而且一直恐懼會受到更多拒絕、孤立、疏遠。海倫不到十歲就受到兩次嚴重的打擊，真是可憐的人生開端。她一輩子都承受低自尊之苦，以及未能排解的悲傷。這一切都讓治療過程變得更艱難。

許多像海倫這樣的被收養者，終身都會害怕遭到遺棄與拒絕，他們不但沒有歸屬感，對於生命中發生的事也會覺得無能為力。這些感受並非由收養造成，而是源自之前被父母遺棄。為了讓海倫繼續過好生活，她必須辨識自己的悲傷，並且好好哀悼。

因此，我的首要任務就是幫助海倫辨別聯繫與依附、母親身分與為人父母之間的差異。這能夠幫助海倫明顯區分她與生母和養母的關係，並將忠誠度分裂的感受降至最低。

對海倫而言，那些人生經歷具有多重且截然不同的意義，因此，想要達到有效的治療，就必須創造出一種足以容納並表達這些意義的環境。

我告訴海倫，母親與孩子之間的聯繫，是很複雜的生理與心理連結，從懷孕期間就開始發展，而且此後就一直存在。這種在出生時建立的聯繫，是後來吸引孩子去尋找親生父母的其中一個因素，就像海倫一樣。依附是養育的結果，會在父母和子女相處的早期形成，也會定義孩子跟收養家庭的聯繫，正如海倫在六歲之前跟養母的相處。

童年時期的定義，主要取決於我們如何看待自己和父母的相對關係，他們原本是看似無所不能的超人，接著變成超酷又聰明的一家之主，然後成為我們無法忍受的人，最後則是跟其他人一樣具有優缺點的真人。父母在我們的生命中占有重要位置。因此，海倫想知道，擁有並失去兩位母親可能會產生什麼影響？而海倫的父親又對她有什麼持久的影響？

事實上，研究發現，父母的教養方式對我們永久的人格特質並無顯著影響。佛洛伊德堅信，父母在形塑孩子的人格與情緒健康方面，扮演著決定性角色。他也提出一個概念：父母會影響孩子的潛意識，進而形塑孩子看待自我及世界的方式。直觀來說，這很合理。然而，有一項研究以數百對從出生就分開的雙胞胎為對象，結果顯示四十五%的人格和行為模式取決於遺傳；另外五十五%則取決於環境、生活情況及生活史。

這表示，無論養育者是誰，我們幾乎都會是原來的樣子。換句話說，父母會影響一些表面的事物，例如我們喜歡哪支球隊、穿什麼樣的衣服、經常去哪些地方，可是他們無法影響重要的特質——自尊、性取向、內向或外向、神經質、政治觀點等。實際上，父母只是其中一項因素。

海倫明白我說的話，但還是不知道該怎麼處理自己的罪惡感。她仍然覺得自己應該為養母的死負責。「要是那天我在海灘上硬把她留住，或是我沒跑去海邊玩水，她就會留在我身邊了。」

海倫的罪惡感，代表著她熱切希望養母依然陪在身邊。就算不去理會罪惡感，悲傷的人仍然會自責，也許會導致這些感受更強烈。所以，我溫和地鼓勵她，要多表達自己的悲痛與內疚，而不是忽略這些感受。

為了幫助她（或是有類似遭遇的人）正常地經歷悲傷，最重要的第一步就是意識到她的悲傷反應，並且鼓勵她表達自我。「允許談論」是悲傷治療中的關鍵策略。根據我的經驗，當事人往往需要一再訴說自己喪親的故事，但生活周遭的人們卻不想再聽了。這種接受當事人流露情緒而不加限制的作法，是他們悲傷與療癒過程中的一部分。

我也鼓勵海倫做一些日常瑣事，例如走路到商店或是去寄信，目的是要離開家裡，就算只有片刻也好。這種方式又稱為「漸進式作業」（graded task assignment），對許多人來說，這些處理悲傷及憂鬱的短期方法，可以為最終的療癒和復原奠定基礎。對於某些人，這些方法也會連結到一種更廣義的目的感。設定每天或每週的具體目標，是保持條理與生產力的有效方式。

海倫在做這些微不足道卻很重要的事情時，並不太情願，因為她擔心自己會在公共場合「故作堅強」。她講述了在當地商店發生的一件事。她在拿貨架上的商品時，出於本能地選擇了母親最喜歡的茶飲品牌。她突然感到一陣驚慌，因為發現自己根本不需要買茶，可是又捨不得把茶放回架上。處於這種狀態下的她，最後把所有要買的東西都留在商店，然後直接走路回家。

這件事加深了海倫的焦慮，她擔心自己無法面對並接受母親的死亡。海倫說出這件事以後，我告訴她，這是經歷悲傷時正常且合理的反應。

我必須釐清並找出海倫會產生恐慌的因果關係，因為這也是治療過程的一部分。

雖然她現在已經接受了自己會因為母親不在人世而感到焦慮，但仍然認為自己永遠無法接受失去母親的事實，這也導致她很害怕在公共場合失控。我們討論了她這種焦慮感的本質，以及與其相關的信念和恐懼，接著一起想出了一些目標，包括發展新的信念、放鬆，還有一次一步慢慢來。

海倫能夠這麼對自己說：「想要母親回來很正常。」「哀悼及想念母親很正常。」「如果我在公共場合哭了也沒關係，時間會治癒我。」她會在一本私人日記裡，寫下自己何時運用這些新的信念。寫日記的過程，能讓她找出其他會造成問題的信念與想法。找到之後，她就能夠慢慢發展出更適合也更容易接受的信念。

隨著時間過去，海倫很明顯愈來愈能接受失去母親的事實。經過十二個月的治療後，海倫確實有了長期的改善與成長。她為自己設定目標的能力大幅進步，也變得積極許多。

她在兩年的治療中面對絕望與悲傷，逐漸回歸到正常生活，哀痛的次數也愈來愈少了。她離開父親，再次開始獨立生活，也承擔起更多責任。她開始制訂自己的人生計畫，完全不必徵求他人的同意，而計畫裡包括了一些支持機制及長期目標。

當事人所需的社會和情緒支持可以有多種來源，包括家庭成員、朋友、熟人或同儕。這些支持系統可以提供建議給我們，幫助我們學習新的技能，使我們保持在正確的軌道上，並且讓我們負起責任做該做的事。

海倫也表示有興趣寫一本書紀念她的兩位母親。她想要結合自己和兩位母親的日記，敘述她們生與死的意義。這個過程是她解決悲傷的一種方式，也是給死去母親們的一份告別禮物。雖然海倫明白自己永遠無法「走出」她們死去的傷痛，但她能夠接受這種情況是正常的。她能夠做出這樣的結論：兩位母親永遠會是她的一部分。

額外思考

所愛之人死去，對每個人的影響不盡相同，而且也取決於我們先前和對方的關係。舉例來說，如果一個孩子的哥哥或姊姊自殺了，那麼要養育這個孩子度過青春期就會格外困難。雖然我沒考慮過要結束自己的生命，但我明白憂鬱的力量能夠驅使人這麼做。

自殺是一件很複雜的事。無論動機為何，無論有什麼不可理解的陰鬱在煩擾我們，這無疑會對留下的家庭成員造成悲慘的影響。無法揭露的問題、罪惡感、憤怒、崩潰、毀滅，其破壞性不是言語所能形容的。

事實上，自殺往往是可以預防的。多數時候，深陷憂鬱又有自殺念頭的人，並不會告訴任何人。不過，根據我的經驗，願意將自殺念頭說出來的人，通常都是想要有人分擔自己的痛苦，這也等於是在大聲求援。

害怕死亡是正常的，可是當它引發病態思想與行為，並妨礙了正常生活，死亡焦慮就會變得不正常。身為治療師的我們，知道死亡焦慮跟一些焦慮症有關聯，包括特定恐懼症、社交焦慮症、恐慌症、特定場所畏懼症（agoraphobic）、創傷後壓力症候群，以及強迫症。

例如，孩子在經歷分離焦慮時，往往會極度害怕失去主要依附對象（譬如父母或其他家庭成員），怕他們受到傷害、發生車禍或罹患重病，或者有強迫症的當事人為了避免受傷或死亡，而不斷檢查爐火或門鎖。最後，特定恐懼症的特色，是極度害怕高度、蜘蛛、蛇和血，這些全都是受到死亡焦慮的驅使。

還有一種特定恐懼症稱為「死亡恐懼症」（thanatophobia），也就是害怕死亡。死亡恐懼症是個人對於垂死或死亡，感受到不尋常或不正常的恐懼，以至於影響本人的「正常」或健康生活；在外人看來，相較於實際面對的風險或威脅，患者所展現的恐懼並不成比例。

許多佛教傳統中都有刻意思考死亡的練習，用於幫助個人明白「變化是持續的，而生命是脆弱的」。這種觀念認為，當我們明白生命中沒有什麼是永恆的，而且一切都很容易被破壞，我們就會用不同眼光看待生活中的事件。我們可能會更珍惜自己擁有的一切（包括健康、關係、物品），也會更珍惜我們所愛的人。

從這個角度來看，雖然我們會因為失去而悲傷（從打破最心愛的杯子，到失去更重要的東西），但也會明白這都是整體的一部分。

大主教戴斯蒙．屠圖（Desmond Tutu）由於在南非推行反種族隔離運動，於一九八四年獲得諾貝爾獎。他曾經說過：「當你患有末期疾病，就更能集中心思。這給了生命一種新的強度。你會發現許多曾被自己視為理所當然的珍貴之事，包括配偶的愛、貝多芬交響曲、玫瑰花上的露水、孫子女臉上的笑容。」

死亡是確定的，也是不確定的。我們知道它會發生，但不知道是什麼時候。我有個朋友是一位很出色的精神科醫師，他在今年稍早過世了，我非常訝異。我才剛知道他最近被診斷出癌症，雖然預後不太好，但沒想到死亡來得這麼快。失去朋友令人痛心，但這是無法改變的。我想到他的時候會覺得很難過，但這也提醒了我要珍惜生命。

當死亡來臨，你要做好離開的準備，而且活得沒有遺憾。我們別把生命視為永恆，因為這會蒙蔽我們的靈性。我們無法控制自己活多久，但可以決定自己怎麼活。對多數人而言，要做到這件事非常困難。但我們做得到，儘管不完美。我們必須接受事實：死亡就跟生命一樣，充滿混亂、無法預測、可怕又具有挑戰性。要是我們能夠接受它，就能用最棒的方式走完這趟旅程。

註釋

1. Peck, M. S. (1978). *The Road Less Traveled: A New Psychology of Love, Traditional Values, and Spiritual Growth.* New York, NY: Simon & Schuster.

2. Melhem, N., Moritz, G., Walker, M., Shear, M., & Brent, D. (2007) Phenomenology and correlates of complicated grief in children and adolescents. *Journal of the American Academy of Child Adolescent Psychiatry, 46* (4): 493-499.

3. Yalom, I. D. (1989). *Love's Executioner and Other Tales of Psychotherapy.* New York: Basic Books.

4. Rogers, C. (1951). *Client-centered Therapy: Its Current Practice, Implications and Theory.* London: Constable.

5. Ruiz, D. M. (1997). *The Four Agreements: A Practical Guide to Personal Freedom.* San Rafael, CA: Amber-Allen.

Chapter 4

面對出軌疑雲的約翰與愛麗絲

每週總有一天（通常是星期六上午），我會頂著牧羊犬般的蓬頭亂髮醒來，雙眼浮腫，腦袋混沌，然後造訪我家附近的咖啡館，獨自坐在一張舒服的椅子上，聽著我最愛的爵士樂專輯：查爾斯・洛伊德（Charles Lloyd）的《Fish Out of Water》，同時思考這一週發生過的事。

我也希望在家裡可以更專心一點，但出於某些因素，我還是得去咖啡館。家裡的干擾會讓我浪費許多時間，但在咖啡館卻不會，也許是因為這裡的事都跟我無關吧！不過，這也要看我正在做什麼事。

如果我正在處理自己喜歡的事，但進展不太順利，那麼我就需要做一點比較有意義的事來分心，好讓思緒漫遊，這通常能幫助我解決麻煩。如果是要反覆推敲的事情，我就會去咖啡館，因為這樣比較能夠維持好好工作的動力。

我在那裡最喜歡做的事情就是寫作。我知道不是所有作家都必須一邊喝著最愛的咖啡一邊寫作。有些作家需要非常安靜；有些需要音樂；有些喜歡打開電視節目當成背景噪音。對我來說，咖啡館是個放鬆的好地方，也可以沉浸在自然的氛圍中，人們聊天，杯盤輕碰，還有義式濃縮咖啡機的嘶嘶聲，這些聲音能夠讓我平靜下來。

然而，在那個星期六早上，我特別需要暫時脫離平常的臨床環境與思考，去做點熟悉的事——喝著我的卡布奇諾，吃一片最愛的蛋糕（黑啤酒巧克力蛋糕）。我知道生活有時候非常複雜，但只要咖啡在手，再叉起一片蛋糕，我就會非常放鬆。然而，總是會有意料之外的難題必須應付，自己則要好好調適。

我一邊享用蛋糕，一邊想著，雖然生活複雜，但如果提到人際關係，那更是複雜了好幾倍。

夫妻往往認為治療是解決問題的一種方式，不過根據我的經驗，他們尋求治療的理由都不盡相同。

過去六個月，我一直在處理一件相當複雜的個案，所以在那個星期六的早上，我需要暫時喘口氣。夫妻之間最有爭議的問題，往往涉及不忠、背叛、通姦、出軌。無論你選擇哪種說法，接下來都會引發情緒動盪。

當某人發現自己的另一半出軌，那種情況就像是把一顆大石頭丟進平靜的水池，看著水面中心擴散的漣漪。那些漣漪代表了指控，水面則相當於許多根深柢固的怨恨。

一個人會背叛伴侶進而發生外遇的理由有很多。大多數時候，情況都相當複雜，而且每個人的原因各不相同。許多事情都要取決於當事者的情況、他們的個人需求，當然也包括關係的當前狀態。

心理學家處於一種具有特權的位置。我們在處理團體或個人的問題時，能夠從他們的潛意識之窗窺看。

那些前來治療的夫妻，都是想要找出彼此關係之中的問題，並想辦法解決。在這條探索的道路上，他們要考量幾個選擇。這些選擇必定包含了分居與離婚。重建愛、信任和情緒安全感的過程，既漫長又辛苦。偶爾，有些夫妻會發現這根本不可行。想要重新建立已經失去的信任、愛和情緒安全感，可能要經歷一段漫長又曲折的過程。

我在跟尋求治療的夫妻首次見面時，不會只依據眼前所見以及他們所說的話倉促判斷。這是因為我在使用心理治療的工具時，非常偏好以實證為基礎的治療。身為心理健康從業者，我們會運用不同的治療方法，幫助經歷心理問題的當事人找回自主權及堅強的心智。在我們的治療方法中，某些具有堅實的科學實證基礎，某些則較缺乏支持的證據。如果我們採用的治療有科學證據能夠證明療效，就稱為「以實證為基礎的治療」（evidence-based treatment, EBT）。

這不表示我在手冊中就能便利地找到所有答案。生活並非如此，而且有些當事人的問題，是我在任何手冊中都沒有見過的！也就是說，我的療法必須針對當事人調整並量身打造。這通常取決於我在教學及臨床實務中的個人發展。當然，直覺與經驗有時候也會讓我意識到「事情不太對勁」。那是一種我無法確切指明的感覺，但它確實存在。這是因為我的潛意識感受到眼前的個人或夫妻身上的某樣東西。直覺。

我必須綜合評估情緒反應及自己所意識到的感受，這樣才能做出更好的判斷。根據卡爾・榮格的定義，直覺是一種心理功能，可以針對情況提供見解與看法。有些人會把這種直覺稱為「內心感受」，或是某種感覺得到的東西。人們經常把直覺視為天賦，甚至是預見未來的一種方式。但實際上，每個人都有直覺。

對人類而言，直覺有助於生存。直覺是一種本能，會警告我們有立即的危險，例如穿越馬路可能不安全；此外，它也是一種感覺，能讓我們感受到情況不對勁。我們的文化教導我們要依賴五感，亦即視覺、聽覺、味覺、觸覺和嗅覺。事實上，直覺的角色也一樣重要，它不只對我們的生存有幫助，也是心理和情緒幸福感的基本要素。

澳洲新南威爾斯大學（University of New South Wales）的心理學家在二〇一六年執行了一系列實驗，試圖將直覺量化。他們做了一項分析，想了解在無意識情況下接收的情緒資訊，會對決策造成多大的實際影響。這項研究非常有趣，結果顯示，我們會逐漸熟練於運用自己的直覺（就跟運用理性或邏輯一樣），這提高了預測結果的準確性。

我曾經被建議要運用直覺，而時間也證明了這項建議非常寶貴。當時，我正在苦思要用什麼方法治療一對夫妻，我的指導者就提出了這項建議。我對要使用的方法感到猶豫的其中一個理由，是因為我最早在國民保健署（ＮＨＳ）臨床實習期間所治療的夫妻，往往會產生各種不同程度的反應，從輕微不安到嚴重焦慮都有。

起初，我的訓練內容完全針對個人，而當時的我才開始接受治療夫妻的訓練。我發現，自己所使用的理論書籍對於夫妻諮商這個領域，並沒有實質的幫助。幸好，我被分配到一位接受過伴侶治療訓練的指導者，對方也向我介紹了許多心理治療的方法。當時，我正在煩惱該用什麼方式治療某一對夫妻，這位指導者便告訴我：「只要順著你的專業直覺，然後相信自己的本能。」

約翰與愛麗絲來找我時，他們已經結婚六年了。兩人在大學認識並交往，目前都在同一個單位擔任講師。約翰教的是數學，愛麗絲教的是歷史。兩人都是知識分子，而且致力於改善生活，期望過得比雙方的父母更快樂也更健康。

他們的相處方式非常值得讚許：認可對方的才能，也會傾聽、理解、支持彼此。重要的是，他們對於生活有著相同的願景。他們都是虔誠的基督徒。

然而，一個月前，兩人的關係發生了轉變。某天，約翰在床邊，也就是愛麗絲習慣睡的那一側，發現了兩個用過的保險套。愛麗絲已經服用避孕藥一段時間，夫妻倆在結婚六年期間從未使用過保險套。約翰很納悶，於是問了愛麗絲，但她堅決否認，表示從未見過那些保險套。

約翰難以接受這個說法，確信愛麗絲一定出軌了。針對這項指控，愛麗絲則反控有外遇的人是約翰，既然現在保險套已經被發現，他便趁機誣賴她，這樣就有離開她的藉口了。那時，約翰很生氣，像一頭憤怒的公牛般前後擺動著頭部，似乎還想毆打她。接著，他們就開始朝對方動手，情況愈變愈糟——愛麗絲拿起床頭燈想打約翰，而他抓住了燈並往後退，結果燈打中了自己的臉，燈泡破碎，割傷了臉頰，搞得臥室的地板四處都是血。愛麗絲變得什麼都不在乎，尤其是對約翰。

他們僵持不下，爭執愈演愈烈，最後決定尋求治療師。問題始終都一樣：是誰把用過的保險套扔在床邊的地板上，以及為何要這麼做？愛麗絲發現自己愈來愈憂鬱。

我有一位同事也在同一間學術機構工作，他認識這對夫妻，知道他們的關係陷入僵局，但不清楚原因，因此建議他們來找我。兩人都同意了，才會來到我的診所。

在思考這件案子時，我逐漸明白自己必須運用所有技巧來處理這對夫妻的問題，解開他們的糾結。我無法理解這當中的邏輯：那天早上，在愛麗絲的床邊發現保險套，而雙方都否認是自己的問題。我對整件事感到非常困惑。不過，我相信自己的「直覺」，而直覺告訴我，愛麗絲和約翰說的都是實話。

治療中經常會出現衝突，是因為這對夫妻之間本來就有一些問題。從治療師的觀點來看，我必須自問該怎麼跟遭到背叛的伴侶交談，而且這位伴侶在發現對方不忠之後，還扮演了受害者角色這麼久。我擔心自己可能會說出這對夫妻不認同的話，此外，這段關係也可能沒有受害者。我當然不想跟他們對立。我會猶豫，是因為沒有明顯跡象指出誰才是受害者。

最後，我明白自己沒有其他選擇，只能輪流跟他們對談，試著弄清楚那天早上發現的保險套到底是怎麼回事。我所面臨的挑戰，是要處理兩人各自的憤怒與傷痛，這讓他們都覺得自己受騙，陷入僵局，也無法釋懷。

令我驚訝的是，下次見到約翰與愛麗絲時，約翰表示又發現了兩個用過的保險套！這次，保險套不是被扔在床邊，而是掛在愛麗絲置於椅子的內衣上面。愛麗絲被問到這件事時，顯然又嚇了一跳，表示並不知道保險套怎麼會在她的內衣上。

我請約翰完整說明這次的情況，愛麗絲則在旁邊聆聽。

約翰告訴我：「上星期一，我醒來後，發現有兩個用過的保險套就掛在愛麗絲的內褲前側。在我看來，她顯然跟某人發生了性關係，而且很可能就是趁我睡覺的時候。對我而言，這是唯一可能的解釋，愛麗絲當然又否認了。」

愛麗絲立刻對約翰的指控做出反應，大喊著：「你這個該死的騙子！我真恨自己嫁給一個這麼沒有安全感的人。我不敢相信自己嫁給一個這麼焦慮的人！這太不值得了！」

愛麗絲現在站了起來，朝著約翰尖聲說話。

場面非常激烈，愛麗絲甩門離開，一直到會面時間快結束時才回來。

她向約翰道歉時，我真的相當訝異。

通常，你在處理這種夫妻爭執的場面時，必須強硬一點，因為他們幾乎都會對彼此和治療師大吼大叫，往往會讓治療很難進行下去。伴侶治療就像穿越一片地雷區，只要走錯一步，你就會把一切炸成碎片！然而，這麼做的重點在於練習，而不是追求完美。

我處理這類情況的方法，是站在雙方的角度，試著讓他們更有條理地發展出自己的論點，而不是指出他們說了或做了什麼適得其反的事。我想要他們發展自己的論點，好好地表達自己想說的話，因為到最後他們往往會訴諸憤怒。

夫妻爭執時，雙方的情緒都很高漲，無法適當表達想說的話。通常在這種情況下，就算你能夠表達自己的想法，也會因為對方聽不進去而感到惱火。如果我來調解這種情況，就會試著讓雙方都給彼此說話的機會，要是行不通，我就必須分別與他們單獨會面。

在這個案子中，我向約翰與愛麗絲解釋，我必須在個別時段跟雙方單獨會面，好讓他們暢所欲言，並在一定程度上開誠布公地討論，畢竟這些可能都是他們共處一室時無法達成的。面對處於衝突狀態中的夫妻，我會運用三個步驟：

1. 幫助他們釐清並表達自己的想法。
2. 幫助他們傾聽伴侶想說的話（在此之前，我通常會先跟他們有過幾次一對一的會面）。
3. 創造一種讓雙方都能夠發言與傾聽的平台，才能繼續分析情況。

自從我們第一次見面以來，約翰和愛麗絲幾乎沒什麼交談。即使他們展開對話，情況也很快就演變成爭執，導致愛麗絲走進臥室並甩上門，倒在床上哭泣。這時，約翰通常就會走出家門，開車回父母家。

愛麗絲說，在找我治療的將近一年前，她就開始覺得跟約翰疏遠，也感到很孤單。她說，他們的關係缺少了親密感，現在很少有性行為，就連跟他摟抱也很困難。

經過六次會面之後，我很明顯看出約翰與愛麗絲都承受了很大的壓力。這並不奇怪：我們會對伴侶不忠有這麼激烈的反應，其中一個原因就是它會對心理健康造成極大的影響，導致嚴重的焦慮、憂鬱及其他形式的痛苦。

在探究這種心理困擾的原因後，我們可以歸納出幾個嚴重打擊心理健康的因素。條列如下：

- 害怕被遺棄
- 失控感
- 低自尊感
- 信任崩塌的衝擊

就算我運用了所知的一切來處理這個情況，直覺仍然告訴我事有蹊蹺，儘管約翰非常肯定，但我還是無法確信愛麗絲背叛了他。

治療師往往得扮演一種情緒偵探的角色，試圖勸誘當事人說出自己期望從治療中得到什麼。

每位心理治療師在面對當事人時，都必須牢記幾個重要因素。當中的某些因素是由臨床訓練和我們的理論取向所定義，其他因素則是由我們在各種臨床環境中獲得的經驗所組成。

當事人終於放心說出自己的故事並表達其挫折與痛苦時，我們就要參考一些適用於心理治療所有領域的基本原則。在這種時候，治療師會變成一種容器，接納當事人宣洩的情緒和語言。我所謂的語言不只是話語，非語言溝通也是維持關係品質的關鍵。

另一個重要的因素是敏感度。「敏感度」一詞經常用於描述聽覺、味覺、觸覺等方面的感受。同樣地，每個人的情緒敏感度都不盡相同。

有些當事人的情緒敏感度比較高，而他們有時候可以在情緒敏感度低的人察覺之前，就先意識到對方的感受。如果處理不當，可能會在對話中引發不安。

情緒敏感度高的人似乎能透過直覺，明白其他人的感受及應對方式。反過來說，情緒敏感度低的人有時很難藉由直覺來理解另一個人的感受。也許我們必須解釋得更詳細，並且提出更直接、更具體的要求，才能讓這種人在情緒上給予更多的支持與回應。

情緒敏感度低，可能會導致配偶或伴侶覺得被誤解，甚至讓他們（誤）以為對方不在乎自己。我們都很熟悉「身體語言」這個字詞，其內涵包括了眼神接觸、不經意觸碰、語氣、姿態、身體動作，這些都有助於我們和他人的非語言溝通。就連我自己在受訓時，對於偏向論述性的行為模式和理論，也很難提起熱情。

我反而會嘗試「感受」身體語言，並且訓練自己真正「聽出」故事背後的意義及當事人的痛苦。我會幫助人們認出特定的字詞，這些字詞也許能讓我們瞥見痛苦的起因。你什麼都不必說，只要看著某人就能傳達各種感受：喜愛、吸引、興趣，甚至只要看一眼就可以傳達敵意。

若要讓對話持續下去，保持眼神接觸是一種非常重要的方式，因為你跟對方的眼神接觸時，就能衡量對方在聆聽時的反應，而對方也能衡量你的反應。毫無疑問，在心理治療中，非語言溝通就跟任何溝通方法一樣重要。雖然非語言溝通和語言溝通實際上是相反的，但其實它們並用時具有協同效應。這個主題經過了無數研究，而結果顯示，非語言溝通的比例占了大約九〇%，語言溝通則只有一〇%。

治療師也會使用明確（explicit）溝通和隱含（implicit）溝通，來描述這兩種「語言」系統；明確溝通是藉由口語傳遞，隱含溝通則是透過肢體傳達。同樣重要的是，非語言溝通包括了當事人說話的音量與速度，或者他們在使用語言溝通時，是否有或長或短的停頓。

例如，當事人在其溝通模式中，可以使用我們所謂的副語言（paralanguage）和韻律（prosody）。

韻律就是說話時的節奏、重音和語調，能夠在句子的字面意義之外提供重要資訊。韻律提供了關於態度或有效狀態的線索。「跟老闆開會真棒！」這句話，可能是指當事人喜歡跟老闆開會，也可能是完全相反的意思，要視當事人的語調而定。

副語言是伴隨語言並且有助於溝通的發聲特徵，包含了「嗯」、「啊」、吸氣聲、嘆氣聲、喘氣聲與尖叫聲。這些聲音會在其語調、音高及節奏中傳達情緒。

還有一項要素是空間行為學（proxemics），所關注的是個人對於空間的感知。（他們會占用多少空間？他們會攤開四肢而坐，或是蜷縮在角落？）舉例來說，一個習慣每天通勤擠地鐵的上班族，跟一個整天獨自待在戶外的農夫，這兩人對於空間的看法肯定截然不同。

空間行為學的另一個重點，是我們想要跟彼此保持多少距離。（在全球新冠肺炎〔Covid-19〕大流行期間，這種距離可是有嚴格規定的。）每個人對於適用自己的空間行為學都有其看法，當事人往往也需要待在一個安全的地方，好幫助自己向治療師說明經歷。

在約翰與愛麗絲的個案中，有些微妙的非語言溝通和他們的表情，讓我相信在愛麗絲惱人的行為及心理狀態背後，其實潛藏著某件事，而且很可能極為複雜。

有時候，治療師很難在治療期間保持完全公正。我的意思是，在面對異性戀夫妻時，我必須意識到自己是諮商室裡兩個男人的其中之一，我不能讓女性當事人因此感到威脅。

我們必須非常小心，因為可能會偏袒其中一方，甚至在未意識到的情況下這麼做。如果我察覺到這種可能性，就比較不會只偏好其中一位當事人，這最終會對我的當事人產生正面影響，創造出客觀公正的治療關係，並使我們的會面治療更順利。

我們一起做出決定，認為最好的方式是讓愛麗絲跟我單獨會面，這樣她就能表達自己的情緒，不會突然爆發，開始跟約翰大吵。如果遇到其中一方表現得極為憤怒的情況，最好一開始先讓他們接受個別治療，如此我們才能集中注意力找出他們有這種感受的原因。

在此我要說明一點：父母在我們小時候的相處表現，無論好壞，都會對我們成年之後處理伴侶關係與婚姻的方式，產生深遠的影響。

我也提議讓約翰接受個別治療。

「不，謝了。」他說：「這樣吧，我先看看你和愛麗絲會面的結果，然後我很樂意再繼續接受伴侶治療。」

「好的，約翰，這聽起來不錯。不過，我確實很希望也能跟你有幾次個別會面。這樣才能給你私人空間表達感受，不會被打斷或受到情緒影響。」

他若有所思地看著我，然後說：「這個主意雖然很好，但我目前真的不覺得自己需要個別治療。」

「好的。」我說：「那麼我就暫時先跟愛麗絲進行單獨會面。」

在與愛麗絲的第一次個別會面中，我試圖弄清楚她對約翰的指控有何感受。從各方面來看，愛麗絲應該是個非常有能力的人。不過我覺得，這一切的背後，其實有個既驚恐又脆弱的孩子正在試圖引起注意。

我把自己的觀察告訴愛麗絲時，她嚇了一大跳，也證實這就是她的感受。我開始幫助她回顧童年，並且回想她的成長經歷。我覺得，我需要的線索就埋藏在她的潛意識中。一般認為，導致我們失調的因素，來自我們的潛意識。

心理動力模式會藉由下列方式獲得見解：

- 將存在於潛意識中的「東西」帶進意識裡。
- 接觸當事人的潛意識。

這種關注感受的方法，通常有助於產生見解，這在心理動力療法中是不可或缺的要素。一旦明白衝突的原因，你就能獲得見解。此處的前提是，只要獲得見解，衝突就會停止。這種見解能夠讓我們察覺、理解並釐清最複雜的情況。它可以讓我們靈光一閃，就像從濃霧走向光明，甚至會有突然領悟的感覺。

在我們第一次個別會面時，愛麗絲打開了心扉。她一邊說話，一邊看著自己的手。

「在臥室裡發現保險套的幾個月前，我就一直非常憂鬱，甚至想要自殺。」

「請繼續。」我溫和地說。

愛麗絲輕聲說：「我在小時候曾經被性虐待。那是住在我家附近的一個男人，他在我回家的時候載了我，他說要讓我搭便車。雖然我對性虐待的事一直有些記憶，但最近我又搬到父母家附近，才發現那段過去對我的人生影響有多大。」

「妳做得非常好，愛麗絲。」我安慰她。

愛麗絲清了清喉嚨。「我跟約翰的關係受到最大的影響，因為我總覺得會失去他。」

「妳曾經把那件事告訴約翰嗎？」我問。

「沒有，但我向他提過我會閃現不愉快的回憶。」她低聲說道。

「好的，愛麗絲，為了處理妳的創傷，我們必須討論那段經歷的細節，這麼做會逐漸減輕那些記憶的強度。到時候妳就能透過新的技巧來處理所有症狀，也會發展出新的模式，運用在妳和其他人的關係之中。」我說道。

愛麗絲認真地看著我。

「只要那件事對妳生活的影響變小，未來一定會有好的結果。」我預言道：「然而，在我們聚焦於性虐待的細節時，妳可能會覺得很難熬。」

為了保護自己，我們的心智會阻擋一些事。我的意思是，有些時候，一個人在經歷性虐待（編註：在非自願情況下遭受性騷擾或性侵犯等）之類的創傷時，其性格會發生「分裂」或「脫離」的情況。大腦會將這個部分隱藏起來，其實就是一種保護性失憶的形式，目的是為了避免讓整個人停擺。我們的心智有如一種存放記憶、圖像、感受與聯想的檔案櫃。

當我們開始在治療中面對創傷的症狀，這個「檔案櫃」往往能提供那些被隱藏與封鎖起來、不被我們記住的檔案。這是治療過程中的正常現象。然而，許多當事人在這樣硬生生地重新經歷創傷回憶時，都會覺得自己的情況非但沒有改善，反而變得更糟。我知道這很折磨人心，也會嚴重影響生活。不過，要記住，回憶是過去的經歷，不是今天的事。

我總是會提醒當事人，為了改善情況，你必須乘上席捲而來的浪潮。雖然準備和理解確實很重要，但在看似漫長的療癒之路上，還有生命、光明與希望。

經過三次會面後，愛麗絲已經能夠稍微描述那些閃現的回憶。通常，回憶中的她大約介於九到十歲，坐在一輛車上，有種被困住的感覺。她看不見駕駛的臉孔，但對方裸露了身體，還試圖要她觸碰他的陰莖。愛麗絲接著告訴我，在那次遭到性虐待之後，她就開始夢遊，而且會發生夜驚並做惡夢。這些狀況在她青少年晚期逐漸消失了，直到最近幾年又開始出現夢遊與夜驚的問題。我問她，是否記得最近的夢遊行為。

愛麗絲說：「雖然我不記得夢遊的事，但我有證據可以證明。例如，有一天早上約翰和我起床時，發現麵包已經被烤過，而且還放在烤麵包機裡，已經冷掉也不新鮮了。另一次則是我們起床後發現前門開著，但我知道我們前一晚睡覺前有鎖門。」

我告訴愛麗絲，我確信夢遊行為是由她的童年經歷所觸發，尤其是被性虐待的事。不過，我們還是得繼續深入探討。

夢遊會發生在我們最深層的睡眠階段，而且在幼兒身上很常見，因為他們的睡眠時間比成年人更多。我們會在夜間的前半部進入最深層的睡眠，這也是夢遊最常發生的時段。二〇一二年，美國醫學期刊《神經學檔案》（*Archives of Neurology*）發表了一項開創性研究，結果發現，大約有三〇%的受試者曾經夢遊過（此數字比先前以為的高出許多），這表示有將近三分之一的人都經歷過或可能會經歷這種現象。

很多人認為，夢遊指的是在睡眠狀態中起來走動，其實並不然。有些活動也算是夢遊，比方說，睡著了卻看似清醒，或是在睡覺時坐起來。穿脫衣服、移動家具，甚至準備食物，這些都是人們在夢遊時比較常做的事情。夢遊通常不會造成危險，除非成年的夢遊者將自己或其他人置於危險的處境中。

雖然背後的原因不明確，但夢遊和說夢話可能是家族遺傳，而目前尚未找出具體的基因連結。當然，夢遊會受到某些因素觸發，包括睡眠不足、壓力或焦慮、身體受感染、娛樂性用藥或酒精，以及服用某些藥物。

有些時候，突然被噪音驚醒或想上廁所，也可能會觸發夢遊。患有不寧腿症候群（restless leg syndrome）的人也有稍微高的夢遊傾向，另外還包括患有睡眠呼吸障礙的人，例如睡眠呼吸中止症（sleep apnoea），這會導致他們突然從深層睡眠中醒來。逆流（reflux）和癲癇（epilepsy）等症狀，與夢遊也稍有關聯。

不過，有一種睡眠障礙你可能沒聽過，那就是「睡眠性交」（sleep sex）或「性夢遊」（sexsomnia）。

愛麗絲在描述自己的一些夢遊模式時，我就想到這種睡眠障礙。「有一次，約翰發現我在晚上裸體行走，才知道我正在夢遊。」她說道。

「真的嗎？」我驚呼道：「那發生過不只一次嗎？妳能告訴我，妳在夢遊時還會有哪些不尋常的行為嗎？」

「嗯，有的。」愛麗絲說：「約翰告訴過我，我在夢遊時，有好幾次都想跟他發生性關係，可是隔天我都不記得了。」

這讓我更確定愛麗絲可能真的罹患了性夢遊症。

我從未遇過有這種狀況的當事人，而我需要指引。遺憾的是，我讀過的書都太強調理論，也太籠統了。對於該如何幫助患有性夢遊症的人，書本知識無法給我任何明確的建議，更別提實用的治療方法了。幸好，我找到一位正在研究睡眠障礙的同事，為我在這起個案中遇到的所有「難題」提供指引。

性夢遊就跟夢遊一樣，會在我們睡眠時發生，但它跟性的行為直接相關，例如性交和自慰。

愛麗絲告訴我，那兩天早上，她和約翰醒來後，除了發現臥室裡有保險套，家裡的前門也開著。我開始覺得，這些事之間一定有關聯，而我也愈來愈懷疑愛麗絲可能患了某種形式的性夢遊症。

在下次的一對一會面中，我向愛麗絲解釋了性夢遊或睡眠性交的現象，以及它會產生的影響。

我說：「性夢遊或睡眠性交症發作時，患者可能會張開眼睛而看似清醒，但實際情況是他們會失憶，完全無法記得發生過的事。室友、父母或伴侶往往是最先注意到這種情況的人。實際經歷性夢遊或睡眠性交症的人，通常到最後才會知道。」

這種狀況其實像個謎團，也沒有確切數據指出它的普遍程度，不過，就心理現象而言，這很罕見。確實，我在執業期間從未遇過這種患者，愛麗絲是我見過的第一個有這些症狀的人。研究指出，身為女性的愛麗絲，應該比男性更不容易發生睡眠性交或性夢遊症狀。然而，我們也知道，像愛麗絲這樣有過夢遊經歷的人，比較可能患上性夢遊症。

接著，我告訴愛麗絲，重點是她要明白，性夢遊症發作的人不一定正在做春夢；他們只是在無意識地行動。事實上，當事人可能在不想或甚至不記得的情況下發生性行為。

知道這種現象的人不多，甚至連了解它的醫療與心理健康專業人員也很少，而且它一直到二〇一三年才被加入《精神疾病診斷準則手冊》（*Diagnostic and Statistical Manual of Mental Disorders*, DSM）。該手冊第五版中，[1]認為性夢遊是一種「特殊」形式的夢遊，將之分類在非快速動眼睡醒障礙症（Non-REM Sleep Arousal Disorders）之下，並將其定義為：「於睡眠時無意識發生之複雜行為，涉及不同程度之性活動（例如自慰、愛撫、猥褻、性交）」。患者頂多只記得極少數的夢中畫面，並且會失去發作期間的記憶。然而，診斷出性夢遊症可能不容易，畢竟在睡眠期間發生性活動的情境不盡相同。

多倫多西區醫院（Toronto Western Hospital）在二〇一三年做過一項研究，發現該中心的男性患者中有十一%經歷過性夢遊症，而女性患者中只有四%。

有些人認為，性夢遊症的患者人數可能比我們所知的還多，因為有些人可能不好意思求助，或甚至不知道是怎麼一回事。不過，這種症狀可能對患者造成非常嚴重的心理與身體傷害。由於人們不理解患者的古怪行為，可能會導致關係斷絕。患者自己可能會很沮喪，或者覺得難堪、有罪惡感，要是性夢遊症讓患者企圖跟陌生人發生關係，說不定還會牽涉到法律訴訟。現在，我懷疑這會不會就是愛麗絲的狀況。

此刻，我們都認為愛麗絲最好還是繼續跟約翰一起參與治療。如此一來，他們就可以談論愛麗絲和我探討過的問題，看看我們能否找出她夢遊的原因。下次會面時，我先向約翰說明了關於性夢遊症的事。我告訴約翰，夢遊很可能會在愛麗絲入睡的前兩個小時發生。遇過夢遊者的人都知道，他們看起來就像是處於一種非常奇怪的狀態，通常很難判斷他們到底是醒還是睡。

我也揭穿了關於夢遊的常見迷思。大家往往認為，夢遊者會一邊走，一邊把雙手伸直舉在前方，眼神呆滯，就像殭屍。不過，夢遊者可能會露出茫然的眼神，而且要讓他們有反應也確實非常困難。人在夢遊時，通常不會像醒來時為了辨識方向而在屋裡開燈。約翰問我，要是發現愛麗絲在夢遊的話該怎麼辦。

「首先，愛麗絲會處於非常深層的睡眠狀態，可能根本不會注意到你，就算你試著叫醒她也沒用。如果你真的叫醒了她，可能會讓她感到非常困惑，甚至非常憂慮。」我說道。

「我懂了。」約翰說：「但是，我要怎麼知道她有沒有跟別人發生性關係？」

這正是我的難題。如果愛麗絲真的在夢遊時跟別人發生性關係，我們該怎麼知道？我告訴約翰，要是他發現愛麗絲在夢遊，而且還離開家裡，那麼他可以保持一段距離地跟著她，看看她要去哪裡。然而，我並不是完全贊同這種作法，因為要是約翰跟蹤愛麗絲，可能會對她造成危險。

我建議他們一起討論，再一起做出決定。兩人都認為，他們要嘗試查出愛麗絲在夢遊時做了什麼。約翰向愛麗絲保證，如果他認為愛麗絲有危險，就會輕輕地引導愛麗絲回到床上。

我想說的是，這些年來，我見過許多患有某種睡眠障礙的當事人，以前都有過創傷經歷。人們經常問我，這麼久之前發生的事，怎麼可能會對現在的睡眠模式造成影響。

在回答這個問題前，我們應該先理解什麼是創傷。它的實際定義是：

對人造成重大傷害並可能導致負面後果的任何事。創傷通常分為兩類：身體創傷和心理創傷。

身體創傷是指身體受到傷害，而「創傷」這個詞常用於描述可能導致後續狀況（例如休克或死亡）的嚴重傷害。

另一方面，心理創傷則是指令人不安的情緒或痛苦事件（例如強暴或性虐待）對心理健康造成的任何傷害。在許多案例中，心理創傷與身體創傷會同時發生。愛麗絲一直面對著由性虐待引發的心理創傷，而這類當事人可能會產生睡眠障礙及其他症候群，例如睡眠相位後移（delayed sleep Phase，編註：通常指晚睡晚起）、失眠、阻塞型睡眠呼吸中止症，或是像愛麗絲這樣的夢遊。

我們空出四週來觀察愛麗絲的睡眠模式，之後，愛麗絲與約翰再回來會面。我必須指出一點：通常，尋求治療的人幾乎在剛開始接受治療時就會感受到明顯的變化，但也有可能在歷經數週或數個月之後，都覺得毫無改變。

我們可能會一次又一次談論相同的事，不停地繞圈子，直到發生某件事：領悟、理解、情緒湧現、壓力抒解。我們何時會在治療中達到這種境界，以及如何達到，這些通常都是無法預測的。我們會一點一點地進步。當事人的改變往往不是突然發生，而是自然地發展。因此，我不太確定下次見面時到底會是什麼情況，但我很想知道關於愛麗絲的夜間行為是否有新的發現或觀察結果。

在見過約翰與愛麗絲之後，我利用接下來將近四週的時間，研究了睡眠障礙，尤其是性夢遊症，而且還跟我的指導教授談了很久。我發現，在夢遊與夜驚期間，大腦中負責執行複雜行為的部分是清醒的，而負責監控我們所作所為並留下記憶的部分則處於睡眠狀態。這種情況會使大腦進入一種混合的清醒／睡眠狀態，能夠產生瘋狂的行為，卻又不會被意識察覺，因此也就不必負責。

我們不知道是什麼原因造成了這種「狀態分離」（清醒與睡眠的混合）。我在牛津的心理動力課程中學過，我們擁有至少兩種感知流。一種是針對物質世界，例如我們可以用眼睛看到或用耳朵聽見的事件。另一種則針對心理世界，是我們對於感受、想法、希望和夢的主觀經驗。而我就是想要發掘愛麗絲心中的這個世界。

星期一早上，我期待的那對夫妻在倫敦的診所熱切地等待著我。我打開等候室的門，看見愛麗絲與約翰肩並肩坐在一起。約翰正在看書，他穿了扣領襯衫、便士樂福鞋及燈芯絨長褲。愛麗絲坐在他旁邊發呆，似乎很緊張，身體也稍微向前傾。她穿著一件褐色長大衣，緊抓著手提包。

「我們進來吧？」我對兩人說。

他們跟著我進入。

約翰回答我的問題，說明了他們這四週的情況。

「你說對了。」他說話時表情顯露出壓力，「愛麗絲會夢遊，我跟著她好幾次。每次她都去同一個地方，就在她父母家附近，她是在那裡長大的，而那裡也很靠近城裡有妓女出沒的地方。你得走過那片區域，才能到她父母家。」

這讓我好奇愛麗絲的夢遊是否代表著再次回到小時候睡覺的地方，或是小時候受到創傷的地方。這種情況很有可能，不過，現在比較急迫的是約翰顯然非常不高興。

「你跟蹤愛麗絲的那些晚上發生過什麼事嗎？」我溫和地問。

「沒有，因為我照你說的引導她轉身，小心地帶她回家，免得她太深入紅燈區。我擔心她的安全。」

我點點頭。

「但重點是，」約翰猶豫地說：「還有很多次我沒能跟著她，因為我沒注意到她起床了。不知道那些時候發生了什麼事，不過既然是紅燈區，我想這應該很好猜吧。」他的聲音逐漸變小，而我發現一旁的愛麗絲焦慮地看著他。

我得好好思考他們的事。根據她先前的描述，那個區域就是性虐待者讓她上車的地方。她是不是在夜間到紅燈區跟「嫖客」上床了？目前我唯一能確定的，就是在這個複雜的案件裡，問題仍然遠多於答案。

我們必須找到前進的路。可惜的是，夢遊或性夢遊並沒有具體的治療方法。在許多情況中，光是改善睡眠品質就有可能消除問題。

「如果我將妳轉診到睡眠診所，妳願意去嗎？」我問愛麗絲。

她聳了聳肩膀，不過，我感覺得出她即使很沮喪，還是願意嘗試。

「我認為這個建議非常好。」約翰說：「我們可以繼續來見你嗎？」

「可以，我認為你們應該過來。」我說：「我也非常建議愛麗絲去找能夠開藥的精神科醫師。」

這激起了愛麗絲的疑問，她很想知道為什麼自己的心智和身體會對過去的創傷產生這種反應。我解釋道：「困惑、焦慮、生理激發、難以表達情緒，這些都是對於創傷的常見反應。有些人跟妳一樣，會在創傷事件後出現延遲的反應。這些反應可能包含了憂鬱、疲勞、惡夢，而在某些情況中還會出現睡眠障礙。如果這些症狀經過一段時間還持續存在，或者開始對工作或關係造成干擾，就代表當事人有更嚴重的創傷後壓力症候群。」

「為什麼我要被轉到睡眠診所？」愛麗絲問道。

「愛麗絲，為了徹底理解和治療妳這種睡眠問題，有些時候我們會需要睡眠診所的評估。大部分診所都有監控睡眠的專用設施，可以測量睡眠的模式與深度，也會密切觀察睡眠期間的呼吸。所以，我把妳轉診到睡眠診所以後，他們可能也會請妳在睡眠實驗室過夜，以便觀察妳的睡眠。這樣可以嗎？」

愛麗絲點點頭。

約翰與愛麗絲很樂意採納我的提議，而愛麗絲目前正在接受持續觀察，以確保她在睡眠時的安全。

這是一個非常有趣的進行中案例，我很期望得知愛麗絲對藥物的反應，以及睡眠診所的發現與建議。

註釋 ——

1. American Psychiatric Association (2013). *Diagnostic and Manual of Mental Disorders*. 5th edition. Washington DC: APA Publishing.

Chapter 5

無法正視童年受虐創傷的大衛

現在是星期天上午七點，我已經在家隔離超過九十天了。我失去了時間感，必須用手機再三查看今天的日期，才能確認現在是星期天上午。政府剛宣布放寬了新冠肺炎的限制。這種感覺就像人們從精神恍惚或漫長睡眠的狀態中醒過來。

隔離給了我們許多可以運用的時間，對吧？對我來說，身為心理治療師和研究者的工作內容，通常要在位於倫敦的診所花數個小時跟當事人會面，也要到我的大學參加研究會議，跟同事和朋友們討論並交流意見。

然而，封城影響了這一切。新冠肺炎大流行在過去幾個月為人們的生活帶來許多變化，也讓我們面臨了各種情緒。這些情緒可能是愈來愈害怕感染、日復一日困在家裡而產生幽閉煩躁症（cabin fever），或是因為自我隔離而引發偏執，總之，每個人或多或少都會受到影響。

封鎖措施強迫許多人改變了日常習慣與計畫，最終讓自己的心智陷入一種陌生的頻率。疫情帶來了一連串使人筋疲力盡的未解問題：我安全嗎？家人安全嗎？經濟要怎麼恢復正常？最令人不安的問題是，這會持續多久？外在世界每天都在變化，這表示我們有些正常的應對機制無法像以前那樣發揮作用，而我們也不知道該怎麼做。

在遠端工作將近三個月後，現在的我已經把線上會面當成「真正」的會面，完全只透過遠端視訊跟當事人見面。畢竟這依然是真實的治療，我們會面對面，這種替代方案還不差。

然而，我對遠端會面的看法並非一直如此。說到心理治療，我把自己視為傳統主義者，覺得每週都要有一次面對面的會談，當事人到治療師的諮商室，坐在同樣的椅子上，度過完整的治療時段。在疫情之前，我認為，自助、電話、電子郵件或視訊會面，都比不上當事人與治療師實際面對面會談的效果。

然而，在不得不以遠端方式執行心理治療的情況下，我很訝異這種方式竟然有效！我對於當事人經驗的觀察，很符合他們給我的回饋，簡直是壓倒性的好評。疫情讓我們開始思考自己的工作方式，尤其是提供治療的方法。

幸運的是，心理治療和諮詢可以在線上進行，就跟在諮商室裡會面一樣簡單。要是佛洛伊德活在今日，我相信他會使用電子郵件、Skype及WhatsApp跟同事討論想法，也會用手機傳訊息與通話，或是將文件透過「雲端」服務分享，而大學之間也會透過Zoom來合作。

佛洛伊德大概會在線上跟一些當事人會面，並且透過遠端方式提供治療。不過，令我意外的是，原本我以為線上治療是心理健康領域最近才有的發展，但它的起源可以一路追溯至網路革命的開端。網際網路的首次運用，是一九七二年十月國際電腦通訊會議（International Conference on Computer Communication）期間，由史丹佛大學和加州大學洛杉磯分校（UCLA）雙方電腦之間的一場模擬心理治療。此後就有大量研究證明，認知行為治療之類的療法，透過電話或遠端線上方式進行的效果，就跟本人親自會面治療一樣有效。

就在這個星期天早上，我收到當事人大衛寄來的電子郵件，對方大約在十年前曾找過我。他之前到倫敦的診所找我時，正在一家零售公司擔任主管。當時，認識他的人應該都會形容他是一位安靜、努力的主管。

我記得他提過，工作生活的日常瑣事、緊湊的行程、挫折、遠大的目標，這些都是壓力的來源，也是造成他過勞的真正威脅。他的日常活動包括在緊湊的行程中跟客戶會面、上台報告、出差，以及做出跟公司相關的重要決定。這些日常的壓力源和日益加重的責任，導致大衛產生了心理困擾與工作倦怠。人事部門將他轉介給我，並資助他的治療費用。

大衛順利完成了倦怠治療並返回工作崗位。當時他並未與人交往，也全力衝刺事業。他和母親同住，父親在他十二歲時死於心臟病。

他父親在世時，是一位很有名望的醫師，克服了貧困的童年並白手起家，享有外科醫師先驅的卓越聲譽。他母親曾經是學校教師，但有酗酒史，家族中也發生過性虐待事件。他來找我的時候，我們從未探討過這方面的事，因為我們著重的是他的工作倦怠情況，而當時他也覺得「還沒準備好」談論童年。

他在電子郵件中問我能不能再跟他見面，因為他的狀況不好，疫情導致他丟了工作，而母親也在那年稍早過世了。現在，他獨自住在母親的房子裡。由於我之前成功治療過他，他覺得再找我談比較安心。我們安排了隔週以遠端方式會面，以評估他目前的心理治療需求。

然而，像大衛這樣曾經接受面對面治療的當事人，對於治療會有自己的感想與期望，我必須評估它們會如何影響大衛對於線上治療的態度。

根據經驗，危險行為不一定適合透過線上方式處理，例如有自殺傾向或更嚴重的精神疾病（比方說臨床憂鬱症和思覺失調症）。這是因為心理治療師偶爾會在治療中遇到一些狀況，譬如當事人有自殺或犯罪的風險，或是症狀惡化。這些當事人必須以特別方式謹慎對待，而這是線上治療辦不到的。

如果當事人在接受線上治療時，突然萌生尋死念頭並切斷連線，治療師就無法執行進一步的評估或降低風險，我們也很難防止對方傷害自己或他人。要是他們在我的辦公室裡表現出自殺傾向，我可以在確保當事人安全之後再讓他離開。

這必須從一開始就發展出一個安全計畫，藉此降低危機的風險並防止不良事件。而線上心理治療則必須對情緒危險採取適當的反應。這份安全計畫應該要在心理治療開始之前，就先仔細過濾可能對當事人或他人造成傷害的風險。我們必須密切注意是否有任何症狀惡化的情況，也要準備一個能夠在治療期間減緩危機的安全方案。

出現自殺企圖這種危機時，最好先鼓勵當事人在當地尋求治療（例如自殺防治、藥物評估）。我們應該將其轉診，或協助尋找合適的家庭醫師或另一個適當管道。

這都取決於我們的個人偏好及特定情況。一些患有嚴重精神疾病的當事人，在面對面治療的親密環境中，反應比較良好；有些時間不夠或不方便前往診所的人，則會覺得每週一次的線上治療方便又安全，適合作為療癒的起點。

但無論當事人接受線上治療或面對面治療，重點都是「療癒」——這是心理治療實務中會一再使用的字詞。心理治療的療癒概念，跟傳統上以消除疾病為目標的「治療」不同。

在心理治療中，我們不會認為精神與情緒問題是壞事或必須消除的因素；相反地，我們必須理解這些問題。憂鬱、焦慮、創傷後壓力症候群及人格疾患，都不是「必須治癒的疾病」，它們是讓人成長的機會。

此外，療癒並不是要達到某個時間點或達成任何目標。雖然當事人往往渴望「治好」自己的情緒痛苦，但其實療癒並不存在所謂的終點線。

遺憾的是，當今社會只想快速找到解決問題的辦法，以至於我們忘了如何與痛苦相處，也無法完全理解自身情緒的根源。我們已經被訓練成只會尋找快速、簡單、省力的解答。不過，在治療中，療癒可能會需要同時接納正面與負面的想法。

在我看來，療癒就像一段旅程，你能夠在其中探索過去與現在，並且發展出克服人生障礙的工具。偉大的古羅馬斯多葛（Stoic）派哲學家馬可・奧理略（Marcus Aurelius）曾寫道：

我們的行動或許會受到阻礙，但我們的意圖和意向卻不會，因為我們能夠適應與調整。心智會依其目的將障礙調整並轉換。行動的阻礙促成了行動。阻力變成了助力。[1]

此處會引用斯多葛哲學家馬可·奧理略的話，是因為我跟大多數治療師一樣，都很訝異斯多葛學派的想法和其他哲學概念，與心理治療實務竟然如此密切相關。舉例來說，斯多葛學者（像是柏拉圖）認為身體和心靈的「疾病」之間有明確區別。認知行為治療的療法顯然就是以斯多葛學派的概念為基礎，認為個人的情緒困擾主要來自對於事件的負面看法，而非事件本身。[2]

大衛跟我排定在星期二上午第一次會面。在遠端治療開始的前幾分鐘，我正在思考一件事：我和大多數治療師一樣，總會跟當事人保持一段距離；我只會偶爾跟對方握手，或是在氣氛緊張時把手放在對方的肩膀上。其實，處在同一個空間，聽見彼此的呼吸聲，看著對方流淚或聽到對方在椅子上移動身體的磨擦聲，這些就足以產生親近感了。

雖然我採取線上治療已經好幾個月，也很高興得到當事人的正面評價，但仍然覺得這是一種新的體驗，而且我心中也一直有個問題：我們無法共處一室，這會對當事人的情緒有何影響？

當事人第一次接受治療時，會覺得自己得到一種空間。那是一段時間的空間（space of time），是某個預約好的時刻，有明確的開始與結束，這是要療癒自己的時間，通常持續一個小時左右。

諮商室裡也會有實體的空間：兩張椅子，當事人和我各坐一張，中間隔著一段距離。兩張椅子之間的距離，會讓我和當事人在社交與情緒上都感到安心。我們喜歡擁有個人空間，因此椅子之間的距離應該讓人感覺很「自然」。但我也認為，空間不只具有實體與社交上的意義，它也代表某種情緒、身體與精神上的價值。

這兩張椅子的空間，也是一片讓人得以自我實現的區域。在這個空間裡，當事人可以請求或甚至要求自己被認真看待，說不定這還是他們第一次這麼做。這個空間也可以當成兩人之間重要的緩衝區。當事人也許會把治療師視為一種權威人物，因此想要保持一段安全距離。

我必須將其他當事人大多數的正面評價謹記在心，也要記住線上治療帶來的那些較細微的正面改變。我提醒自己，即使是像大衛這種在過去習慣遲到的當事人（可能因為開車或找停車位造成的壓力），現在也有可能提早走進「等候室」。順帶一提，會讓當事人不想參與面對面治療的因素還有很多，像是社交焦慮、慢性疾病、身體殘疾、工作忙碌、找不到人照顧小孩、住處距離遙遠，諸如此類。

不過，我確實很懷念會面開始的前幾分鐘，在這段時間，通常會有人脫外套、跟我握手、在我的辦公室裡就座、互相寒暄等。在這些片刻中，我可以評估潛意識傳達的細微訊息，藉此了解當事人的心理「狀態」。此外，線上治療也缺少諮商室裡最重要的一項道具——面紙盒！

桌上的面紙盒意味著當事人可以流淚，也會讓他們知道療程中允許哭泣，甚至鼓勵哭泣。我們是刻意擺放面紙的，這樣當事人才能看見，並且伸手可及。淚水是治療中的關鍵。當事人伸手拿面紙的動作，通常代表著寬慰、領悟與變化。

我不會對此掉以輕心，因為治療師必須盡量獲得資訊，好讓自己了解情況，知道該如何處理當事人的心理狀態。除此之外，治療師也會注意細節，因為有時候見微可以知著，而且任何資訊都能讓我們了解並掌握，以及幫助當事人。

我想到柯南・道爾（Conan Doyle）的《波希米亞醜聞》（*A Scandal*

in Bohemia），故事中福爾摩斯向華生點明了「看見」（seeing）與「觀察」（observing）的差異。他向華生解釋，觀察最重要的是意識到眼前的一切，專心看待世界。福爾摩斯會注意周遭的無數細節，而且隨時都在觀察並了解環境。他把觀察能力鍛鍊成一項完美的技能！

★

我該跟大衛見面了，等著在Zoom上面跟他連線。我剛才帶狗出去散步，也已經把餐具放進洗碗機。對我而言，在工作日的治療時段開始之前做這兩項活動，感覺非常陌生也很奇怪。

首先，大衛敘述了疫情期間被裁員後所感受到的憂鬱，這是自他母親過世以來最痛苦的事。在第一次會面期間，大衛的聲音一直很微弱，說話時也會經常避開眼神接觸，將目光移向別處。

「大衛，在經歷這些難過的感受時，你有什麼想法？」我問道。

「呃，」大衛說：「我在想這一切有什麼意義？我的人生完了，再也不一樣了。『我該怎麼辦？我失去了工作和母親。』」

「我很遺憾，大衛。你失去了這麼多，難怪會這麼傷心，也這麼難熬。你現在覺得很難過，對不對？」我說道。

「對，我覺得一切都毫無意義。我很累，可是睡不著；我很餓，可是吃不下。雖然工作很棘手，可是我很想念。告訴我，這到底有什麼意義？」大衛問道。

大衛勉強跟我保持眼神接觸。

「可是你會找到另一份工作的，對不對？」我說道。

「不知道，其實我不在乎，我什麼都不在乎了。」

大衛低頭看著自己的手，而我看得出他眼眶泛淚。

「你的母親過世多久了？」我問道。他閃現痛苦的表情。

「三個月。」大衛壓抑著說。

「所以還沒有很久。她的年紀多大了?」

「七十五歲。」大衛說道。

「她之前有生病嗎?」我問道。

「對,她一輩子都在喝酒,最後也付出了代價。」大衛聳聳肩,用一張起皺的面紙輕碰眼睛。

「你跟她同住多久了?」我問道。

大衛又閃現另一種眼神。

「我一直跟她住在一起。我這輩子都看在眼裡,甚至還參與過!」他說道。

我在大衛的聲音中聽出一股絕望,另外還有某種感覺。是厭惡嗎?

「『參與過』是什麼意思?」我問道。

「唉,我爸過世之後,在我小時候,她就會要我跟她一起喝酒。」

他說道。

大衛遲疑著，彷彿想說什麼，可是又改變了心意。

「你父親死後，日子一定非常難過。」我說道。

大衛點點頭，似乎正在強忍淚水。

他安靜了一陣子，而我並未催他。我看得出他需要時間平靜，並整理想法。依然避開眼神接觸的他，最後開口說：「我爸過世之後，我必須接替他的角色。我媽什麼事都要依賴我，那真的很難熬，除了要努力達到她的期望，也得符合我爸立下的標準。」

大衛又沉默了。看得出他正在掙扎著想說出某件事，但出於某種原因又難以啟齒。

「你必須做哪些事呢？大衛。」我問道。

大衛又聳聳肩。

「呃，我媽老是在喝酒，在我爸死後又喝得更多，所以家裡什麼事都得要我做，像是打掃、購物、煮飯。我必須確認她會付帳單，免得家裡被斷電。有時候，她甚至會用我爸的名字叫我，感覺我就是他。」

這次，我又感覺到大衛想說但沒說出某件事。他現在跟我眼神接觸的次數變多了，我認為這是結束的好時機。我們約好過幾天再會面。

下一次，大衛似乎顯得積極了些。他在我打招呼時看著我的眼睛，表情也很堅定，讓我覺得他可能準備好要說出痛苦的真正原因。

他一開始先告訴我，他寄出了求職履歷。

「真是太好了，大衛。」我說道。

「對，我可能會有一、兩場面試。」大衛說道。

「嗯，希望會有。對於母親過世的心情，你現在處理得還好嗎？」

我問道。

大衛聳聳肩，低頭看著自己的雙手。

「好一點了。你也知道，跟她一起生活有時候並不容易。」

「對，你說過她經常喝酒。」我說道。

「對，而且她還會做其他事。」

大衛一說完，我感覺我們現在可能要討論到某件重要的事了。

「她還做了什麼？大衛。」我問道。

「我爸死的時候我還很小，她會對我性虐待。」大衛講完最後一句話時，突然倒抽一口氣，彷彿很擔心我會有什麼反應。

在剩下的會面時間裡，大衛的語氣有時緩慢溫和，有時又氣急敗壞，而我看得出他一直在強忍淚水。上次大衛試圖向我訴說童年回憶，已經是將近十年前的事，因此，我猜他花了很多時間努力壓抑遭到母親性虐待的那段過去。

第一次開口說出這種創傷，想必是一件非常艱辛的事。這些年來，他顯然覺得自己被困在過去。現在終於能夠談論被性虐待的事，想必讓他鬆了一口氣。

「我明白，那一定讓你非常痛苦。」我溫和地說。

大衛點點頭，接著就突然摀著臉開始啜泣。

此時，我必須讓他平復心情，才能幫助他運用自己的能力進行自我修復。他需要這種容忍負面感受的能力，也必須學習在痛苦時運用自我調節的策略。

也就是說，我會幫助大衛認識並解讀自己的情緒，然後將其化為言語。很多人會問「為什麼過了這麼久（將近十年），大衛才終於在三次會面之後透露被虐待的事」？我們必須知道，就算當事人前來接受治療，也不一定代表他們準備好有所改變。大衛在十年前接受治療，願意面對的是工作倦怠問題，但他並未「準備好」正視潛意識裡的創傷。

治療是一種非常私人的過程，往往也極具挑戰性。許多當事人在治療過程中都必須經歷數個階段，才能夠更深入了解自己的心理與情緒問題。接受治療時，應該要誠實坦率地處理每天面對的個人與情緒挑戰，但我們往往會在潛意識隱藏這些挑戰。

當事人需要發展出對治療師的信任，才能夠開始自我揭露，也必須接納治療師進入自己情感脆弱的世界。這往往會促使我們挑戰自己的自我知覺，以及我們對周遭人的覺察，並且評估那些已經成為第二天性的思想模式與應對習慣。多數當事人都會經歷不同的準備階段。

詹姆斯．普羅察斯卡（James Prochaska）和卡羅．迪卡萊門特（Carlo DiClemente）於一九八〇年代發展出「跨理論模式」（又叫「改變階段模式」），[3]充分描述了當事人可能經歷的不同改變階段。

最初的階段稱為「思考前期」（pre-contemplation stage）。當事人在這個階段仍然會抗拒改變，因此它也可稱為「否認期」。當事人自己承認的問題，以及其他人注意到當事人所顯露的心理問題，兩者其實很好區別。雖然家人和朋友會對當事人的心理症狀有意見，但處於這個階段的當事人很可能並不知道或未意識到自己的問題，或是一想到要改變自己就覺得勉強或沮喪。

處於這個階段的當事人，往往因為其他人的壓力才會前來接受治療，例如配偶威脅要離開，或是父母威脅要斷絕關係。我們在當事人身上觀察到的下一個改變階段是「思考期」（contemplative stage）。

處於思考期的人願意考慮自己有問題的可能性，而承認問題就有改變的希望。然而，我也注意到考慮改變的當事人往往會在治療過程中感到非常矛盾，他們會猶豫不決。

思考並不代表會下定決心去做。我們必須記住，一個人儘管再怎麼困擾與痛苦，也很難放棄已知的一切，前往需要改變與冒險的未知之地。

思考期的下一個改變階段是「準備期」（preparation stage）。這是治療的資訊收集與規畫過程。然而，準備要行動並不代表當事人心理狀態中的所有矛盾都已經解決。此階段的挑戰是幫助當事人發展出可接受又有效的改變計畫。

我的作法通常是協助當事人找出現有的激勵因素，再運用這些要素讓他們接受更多其他的激勵因素。

「積極投入治療」（motivated and commited to treatment）是大多數心理治療師努力幫助當事人達到的階段。我們將此稱為「行動期」，而這也是大衛目前所處的階段。這個階段的當事人已經實際做出改變，也許還會更努力嘗試。

到了「維持期」（maintenance stage），人們就會讓行為的改變持續一段時間（超過六個月），並且有意繼續維持行為的改變。這個階段的人會積極防止自己退回先前的任何階段。

雖然這很明顯並不是「完美」的模式，但確實能幫助當事人理解自己的努力，並且勸導他們往正確的方向邁進。有時候，倖存者（Survivors）會試圖將受虐的事「拋諸腦後」，並未意識到目前的生活難題跟童年創傷其實有關聯。

大衛在我們的會面中揭露了自己的創傷，這會給他一種得到平反的感覺，讓他能夠放下許多遭到性虐待的恐懼與折磨。受虐的復原過程並非線性，我們也不可能預測每個人在特定階段取得進展所需的時間長短。

在與大衛的下一次會面中，我對他說：「大衛，你已經踏出了從受虐中復原的第一步，因為你用一點點希望和自愛提升了內在力量。以前的痛苦記憶將會成為一個要素，讓關於你的真相得到解放。羞恥感會逐漸消失，並且成為你的部分見證。現在是你療癒與成長的時候了。」

大衛的反應是搖頭：「一直到我們現在會面之前，我從沒把這個祕密告訴過任何人。十年前來找你的時候，我覺得太難堪了，所以沒告訴你。我覺得這件事太痛苦了，不應該說出來。在我心裡，一直很想找人訴說。可是，我在想，有誰會了解我？而且我會不會被批評？」

此時，我們的會面時間正好結束，大衛也重新預約下週的遠端諮詢。跟他道別之後，我坐在桌前思考這一天的治療內容。

我望向窗外的花園，注意到池塘邊那棵我最喜歡的楓樹，看著箭頭形狀的綠色樹葉在水面漂動，這時，突然有幾隻金魚跳起來，像是在躲避底下的敵人，緊接著牠們又落入水中，掀起了一圈圈的漣漪。我思考著，我們的想法就像魚深深地隱藏在水中，也跟魚一樣會受到恐懼的觸發而短暫浮出水面。

為了向當事人說明創傷的強烈感受，我經常用大海來比喻，表示創傷就像深廣的海洋。我會請當事人想像他們遭遇了船難，獨自困在汪洋之中。接著，我會問他們接下來該怎麼做？

通常，當事人會認為應該盡一切力量游回岸上。我會說，可是你遲早會耗盡氣力，也根本到不了安全之處。我指出，疲勞的時候，溺水風險就會升高。事實上，根據專家的建議，在這種情況下最好放鬆身體，讓自己浮在水面上以節省力氣，而不是跟波浪對抗。這樣你比較有機會度過難關，也有時間讓自己冷靜下來，仔細思考該如何生存。

當事人經歷創傷的症狀時，我也會建議他們這麼做；放輕鬆，讓自己「漂浮」或「隨波逐流」，不要跟症狀對抗。遺憾的是，如果像大衛這樣幾乎一直在抗拒與避免症狀，往往只會產生更多激烈的情緒，像是沮喪、憤怒，最終導致憂鬱。

當今的社會終於開始面對關於性虐待的一些重要事實。由於新資訊得以傳播，社會也改變了對於性虐待的態度，並促使一些倖存者想起了被壓抑已久的受虐經歷。這些因素幫助他們找到自己的內在力量，讓他們能夠向人傾訴創傷。

這些年來，我見過許多當事人（男女皆有）曾在童年或年輕時遭受母親或其他女性照顧者的性虐待。他們之中只有非常少數的人有機會說出創傷，大部分都保守著祕密。

我也記得這些年來有幾位當事人告訴過我，他們試過向家人或醫師揭露自己的經歷，對方卻不當一回事或不相信：「母親才不會這樣虐待孩子！」問題來了，為什麼大家會這樣抗拒又不願接受事實？為什麼大家不認為女性會性虐待？戀童癖者形形色色，有男性也有女性。

我們對於戀童癖的看法一直存在著既定的迷思，包括會虐待孩童的人物類型。

許多人往往會誤解，認為所有的兒童性犯罪者都是男性。這對女性虐待者很有利，因為大家都不願接受或相信女性也會對兒童性虐待。男性和女性的兒童性虐待者之間有一些顯著差異。平均來說，女性會針對較年輕的受害者，而且較不在意受害者的性別。關於女性對兒童性虐待的原因有幾項假設。

根據研究，有些女性會因為自戀傾向而虐待女兒。在這種情況中，由於年長的女性渴望得到崇拜，又誇大了自我重要性（self-importance），所以導致母親會嫉妒自己的女兒。

許多對兒童性虐待的女性都屬於「教師／情人群體」。這個群體的女性大約三十幾歲，受害的男性平均年齡為十二歲。這些女人可能認為自己處於戀愛關係，不覺得自己的行為是虐待或不恰當。她們可能是受到親密需求的驅使，也可能會試著補償在別處無法滿足的情緒需求。

這個群體包括了跟男學生發生性關係的女教師。她們很投入戀愛關係，也認為青春期男孩比跟她們同年紀的男人更不具威脅性。她們可能覺得在跟年輕男孩的關係中，比較有控制權。

另一個類別則是研究者所謂的「具猥褻傾向者」。這個群體的女性通常自己受過虐待，可能具有成癮人格。在另一個相似的「母親猥褻者」類別中，有相當大的比例是針對女童的性犯罪者。

許多研究指出，女性比陌生人更有可能侵犯親生子女，以及她們所照顧的其他孩子，機率多達四．五倍。有一件事是確定的：性虐待會強烈干擾受虐者後續人生每個階段的正常發展過程，從虐待發生後的童年一直持續到青春期與成年。在治療成人倖存者時，也必須處理童年的痛苦回憶及其伴隨的影響，這正是解決性虐待創傷的關鍵。

我們預約了第十次遠端會面，而我記得就在這一次，我們坐著沉默了片刻，因為回想母親的虐待對大衛來說實在太痛苦了。

經歷過性虐待的當事人，往往無法明確描述自己的遭遇。有些當事人形容性虐待創傷彷彿腦海中的一條蛇，在你看清楚之前，它就迅速地溜走了。正因如此，我們才會說性虐待不為人知，類似於一杯水中看不見的毒素：你無法看見或感受那種「毒」，直到你的身體和心靈因為長期暴露於這些毒素中，而開始產生反應。在治療中，我們會把這種羞恥感稱為「毒性羞恥」（toxic shame）。

大衛帶進治療中的就是這種羞恥。因為經歷身心創傷而產生的羞恥感，會造成受虐者情緒麻木，而長期將羞恥感隔離起來，則可能會阻礙其情緒、個人與職業發展。性虐待之所以令人羞恥並帶有毒性，是因為應該感到羞恥的人（虐待者）通常若無其事、毫不知恥，導致像大衛這樣的受虐者背負著羞恥。

這正是虐待者的手段，偷偷摸摸地躲在雷達之外。他們會偽裝自己。但如果虐待者是你信任的家人，比如說母親呢？遺憾的是，女性／母親性犯罪者很少是研究的對象，而且我們也了解不多。

在我們的社會中，母親不被視為殘暴或具攻擊性，而是溫柔與順從，也會以溫暖的愛來養育孩子。當這位主要保護者虐待自己的孩子，母親在社會中的形象就會受到挑戰，因此，總是會導致事件被保密。

正如大衛的個案，許多母子性虐待的倖存者，都認為這是他們生命中最隱密的事，這個祕密會讓童年的毒性羞恥一直持續下去。這種羞恥會讓受虐兒和後來長大的成人，籠罩在祕密和孤立的世界中，它不會被察覺，也不容易辨識。

母子之間這種失衡的行為模式，稱為「過度認同」（overidentification）。《牛津生活字典》將其定義為：「過於認同某人或某物，特別是會損害自身個體性或客觀性之行為。」

不過，我比較喜歡心理治療師薩爾瓦多・米紐慶（Salvador Minuchin）用「糾結」（enmeshment）概念來形容薄弱、界限不清的家庭系統。這是一種不恰當的情誼，會使親子界限變得「模糊」，通常是由母親在父親缺席的情況下施加於兒子身上。為了填補孤獨所產生的空虛，母親會在情緒與心理上將兒子提升到「丈夫」和「朋友」的地位。

我絕對不是要破壞健康的母子情誼。我所指的情況，是親子之間缺少了這些可以保護關係的健康界限。如果沒有這些保護，孩子就會在不可預測、毫無秩序、在情緒與身體上都不安全的環境中成長。

大衛在下一次會面時問我，他已經透露了被母親虐待的事，還需不需要再繼續治療。

「這不是必須的，但肯定會有幫助，大衛。」我說：「想像你在大學完成了第一年的學業，然後直接跳到最後一年接受畢業考。你覺得會怎麼樣？」

「我大概會不及格吧。」大衛說道。

「一點也沒錯！復原並不會直接發生。它是在漸進過程中學會一件又一件事情後，才演變出來的。復原沒有魔法，但是可以慢慢建立基礎。」我說道。

「這些話很有幫助。」大衛看起來若有所思。「所以，我該怎麼開始了解，比方說我的憂鬱症狀？因為有時候我覺得快要瘋了！」

大衛的說法很有趣：「我快要瘋了。」（I am going out of my mind. 註：直譯為「我快要失去心了」。）多年來，我在當事人口中聽到這句話無數次了。

可是，我們在說「快瘋了」的時候，情況到底是如何？研究顯示，這句話的 "mind"（心）並不侷限於大腦，甚至是身體。

加州大學洛杉磯分校醫學院精神病學教授丹・席格（Dan Siegel）在二〇一六年出版的《心腦奇航：從神經科學出發，通往身心整合之旅》（*Mind: A Journey to the Heart of Being Human*）中，[4] 就將「心」定義為：「萌發的自我組織過程，是具體也是有關聯的，能夠調節我們內部和我們之間的能量與資訊流動。」他認為，「心」涵蓋了我們對於經驗的感知以及實際經驗本身。席格教授解釋說「心是一種複雜的系統」，因此，

「最理想的自我組織就是：有彈性、適應性、一致、有活力、穩定。」他將這段描述視為「心理健康的基礎」，並指出如果少了「自我組織」，你就會陷入混亂或僵化」。

在這次會面以及我們的整段治療關係中，大衛回憶並重述了經歷母親虐待的打擊。

我回答大衛關於憂鬱症狀的問題：「了解這些症狀的其中一種方法，是把它們當成身體和心靈所傳達的訊息。因此，如果你感到憂鬱，就表示你目前的生活中有某件事需要改變。這就類似你燙到手指時所感受的疼痛。當你覺得燙，疼痛的訊號就會讓你立刻做出反應，保護機制也會發揮作用，以防止你受到更嚴重的傷害。

「同理，在被創傷的回憶和感受壓得喘不過氣時，我們可以自問該如何審視並改變這一切。也就是說，治療能讓你有機會用另一種觀點，來看待自己目前的情況。一開始那些好像難以承受的情緒，在接受幾週或幾個月的治療之後，就會變得非常不一樣了。改變觀點的能力，將會幫助你利用那些自己可能不知道卻早已擁有的資源，這也有助於解決你的困境。」

「所以我該怎麼做？」大衛問道。

「如果你想知道這個問題的答案，或許可以先了解悲觀的三個P，這是由治療師馬丁・塞利格曼（Martin Seligman）在《學習樂觀・樂觀學習》（*Learned Optimism*）[5]一書中提出的概念。他認為，正在經歷憂鬱的當事人會有一種習慣的思考方式，可能會以普遍（pervasive）、永久（permanent）和個人化（personal）的方式看待自己。例如，當你突然想起母親虐待你的事，而且無法忍受那些感覺，你可能會告訴自己

『我總是會有這樣的感覺』（永久）、『我根本阻止不了這些感受』（普遍）、『母親會虐待我是我的錯，我是個壞人』（個人化）。這種審視自己想法的方式，是面對憂鬱的一種認知方法。」

原本看著自己雙手的大衛抬起了頭。「所以我們是在使用另一種治療類型嗎？」

我露出微笑。「大衛，正如我先前解釋過的，我是綜合治療師，而綜合治療是心理治療的一種形式，會以最符合當事人需求的方式，來整合不同的治療技術與方法。比起傳統、單一的心理治療形式，這種治療方法更有彈性，也更具包容性。這樣說明合理嗎？」

大衛稍微聳聳肩，回應道：「喔，對，這是滿合理的，可是到底有多少種方法？」

「嗯，為了了解並協助處理當事人目前的心理需求，綜合治療師會用不同的方式結合兩種或多種理論。不過，在治療中，最重要的步驟是幫助當事人找到力量。一旦當事人明白自己找到了力量，他們就可以自由地做出改變，因此產生療癒的結果，並且更能夠主宰自己的未來。我這樣解釋對你有幫助嗎？」

大衛點點頭，於是我繼續說下去。「在我看來，綜合模式能夠讓我填補在某些理論模式中找到的缺陷。我從來不會虔誠地堅持遵守哪個特定『學派』，因為我發現它們或多或少都有侷限，無法完全符合當事人各式各樣的需求。身為治療師，我一直認為我們在執業時應該以智慧為引導，畢竟不是所有的生活和治療都能用一套理論來解決。」

「我明白了。」大衛看起來很感興趣。

「我的意思是，這種智慧必須要能讓當事人理解。如果治療師不運用智慧與同情，想要幫助當事人就會非常困難。」我說道。

「所以你們也必須學習！」大衛第一次在我面前露出微笑。

「沒錯！」我微笑回應。「我們可以藉由施行正念療法來培養自己的智慧。當你在冥想期間審視自己的內在生活，就會發展出一種智慧，因而了解自己的心如何運作，而且也會認識自己的優點與侷限。」

「我聽過這種說法。」大衛說道。

結果證明，這種智慧對大衛的治療發展非常重要。

治療師有時候會遇到抗拒改變的當事人，往往會因為自身的挫折感，而想把他們貼上「難以應付」的標籤。但這種標籤毫無用處，因為它會讓治療師與當事人之間產生距離，也會使治療的連結更困難，不過，對於大衛這個個案，要幫助他確實相當困難。

大衛預約了隔週的會面，可是他取消了，後來他又取消下下一週的會面，也沒有預約。在一個月之後，他才重新聯絡我。我們坐下來透過螢幕看著彼此時，他很明顯消瘦了，而且又避免跟我眼神接觸。

「你過得還好嗎？大衛。」我問道。

「不好。」大衛說道。

「喔？發生了什麼事？」我問道。

他嘆了口氣，然後低頭看著自己的手。他深呼吸了幾次，似乎想開口，但每一次呼氣後都沒有說話。他嘗試了第三次才終於脫口而出：「我試著結束一切。我嘗試自殺，喝了一瓶伏特加，又吃了兩包撲熱息痛（Paracetamol；註：一種止痛解熱藥）。」

他咕噥著，說話速度很快，我幾乎聽不懂，但大概明白他的意思。

「嗯，我很遺憾聽到這件事，大衛。可是我也很高興你在一切都太遲之前求助。這是一件非常正面的事。」我說道。

「我不覺得正面。我覺得自己應該死掉。」

「但你沒有這麼做？」我問道。

「沒有。我就是個膽小鬼吧。」他說道，而我看得出他快要哭了。

「這也可能是你明白自己可以克服這件事。」我說道。

大衛聳聳肩。

「這個嘛，我有些好消息，大衛。現在新冠肺炎的限制規定已經放寬，所以我們又可以在倫敦的診所面對面會談了。」我說道。

「喔？」大衛抬起頭，我看得出他稍微提起了精神。

遺憾的是，企圖自殺的情況在性虐待倖存者身上並不少見。受虐兒童在生理與情緒上都會有不同的發展，有別於從未在虐待經驗（例如性虐待）中成長的其他兒童。的確，任何人都有可能在生命中經歷情緒創傷，然而，創傷在嬰兒期與兒童期造成的嚴重後果，會更加深刻也更持久。

這是因為兒童在早期與照顧者的關係通常為「依附」關係，而這種關係對大腦中的發展和情緒部分影響很大。除此之外，與照顧者的早期依附，是我們建立意識及潛意識心理模式的基礎，這涉及了我們跟世界的互動，以及我們在那個世界中看待自己的方式。

我想要幫助大衛將這些潛意識的心理模式帶到意識之中，好讓他可以質疑並修正它們。

然而，虐待還有一個最深刻也最悲慘的結果，就是這些潛意識模式會在我們的感知和心中根深柢固，使我們難以將創傷經歷跟它對生活的衝擊區隔開來。這會導致我們的自我知覺發生錯誤，以思考扭曲的形式出現，暗示著痛苦是「自己」造成的。

探索大衛的潛意識世界及存在於此的創傷，最終會幫助他用更健康的新方式來理解並處理它們。這並不表示大衛的療癒過程會使過去的創傷不再影響生活，畢竟我們無法改變過去的經歷，或是把它們當成汽車舊零件替換掉，重點是藉由創造更有意義與靈性的生活，來減少童年創傷所造成的影響。

顯然，對大衛最好的方式是讓他親自接受治療，尤其他最近還企圖自殺。不過，我也很高興得知他正在接受一位精神科醫師的照料與藥物治療，這肯定會成為我與大衛在漫長復原之路上繼續前進的助力。

註釋 ——

1. Holiday, R. (2014). *The Obstacle Is the Way: The Ancient Art of Turning Adversity to Advantage*. London: Profile.
2. Robertson, D. J. (2010). *The Philosophy of Cognitive-Behavioural Theory (CBT): Stoic Philosophy as Rational and Cognitive Psychotherapy*. London: Karnac.
3. 以下為關於此主題的兩個重要章節。 Prochaska, J. O., Redding, C. A., & Evers. K. (2002). 跨理論模式與改變階段模式。見：K. Glanz, B. K. Rimer, & F. M. Lewis (Eds.), Health Behavior and Health Education: Theory, Research, and Practice (3rd edn.). San Francisco, CA: Jossey-Bass. Prochaska, J. O., & DiClemente, C. C. (2005). 跨理論方法。見：J. C. Norcross & M. R. Goldfried (Eds.) Handbook of

Psychotherapy Integration. Oxford Series in Clinical Psychology (2nd edn.) (pp. 147-171). Oxford: Oxford University Press.

4. Siegel, D. J. (2016). *Mind: A Journey to the Heart of Being Human.* New York: W. W. Norton.

5. Seligman, M. E. P. (1991). *Learned Optimism: How to Change Your Mind and Your Life.* London: Nicholas Brealey, 2018.

Chapter 6

飽受性侵又囤積成癮的艾比蓋兒

如果你開始保留數十年來毫無價值的銀行對帳單、報紙、舊衣服、過期食品，以及其他看似無用的東西，那會是什麼情景？當你家的走廊上開始出現堆積如山的紙張、舊家具和其他損壞的物品呢？當你想從家裡的某個房間走到另一個房間時，或許還得經過一條「隧道」或「山羊走的路」，穿越各式各樣由雜物堆出的迷宮。等你勉強通過後（說不定在前往臥室的路上還撞傷了），卻發現床上散放著小山般的衣物堆和鞋子，根本沒有多餘的空間可以坐下？

或許你想去浴室，卻發現入口被一堆用過的衛生紙團擋住，地板上還散落著五十隻貓的糞便？更別提屋內各處還有動物腐屍，其數量甚至比活的還多！

你認得這些場景嗎？或是覺得自己可能會變成這樣？那麼你應該罹患了囤積症，這是一種有問題的心理狀態，其特徵是有強迫性獲取並保留物品的需求，儘管那些東西根本不需要或甚至很噁心（例如糞便、垃圾和寵物屍體）。

沒錯，囤積是一種非常現代的現象，這種行為確實是從二十世紀才開始急遽增加與演變。

雖然社會因素造成了一部分影響，不過最近的學術分析主要著重於心理特徵，不太會解釋這種狀況隨著時間的變化，或是會對患者造成什麼影響。史考特・赫林（Scott Herring）的《囤物者：現代美國文化中的物質偏差》（*The Hoarders: Material in Modern American Culture*）[1]是很好的參考資源，能讓我們明白囤積行為與症狀的由來和演變。

一九三七年，「囤積」（hoarding）一詞在科學出版物出現的頻率突然大幅增加。這是在美國經濟大蕭條背景下所觀察到的現象。當時，喬治・

福特・史密斯（George Ford Smith）寫道：「大蕭條讓囤積與通膨成為焦點。」而這展現了匱乏與囤積傾向的直接關聯。在這種情況下，囤積代表著在愈來愈被壓得喘不過氣的經濟情勢中執行個人控制權，並試圖堅守過去更為穩定的金融體系。

從個人與家庭的觀點來看，今日所謂的囤積，在正式定義為病症之前的數十年，其實有很多種名稱，像是科利爾兄弟症候群（Collyer Brothers syndrome）、長期雜亂（chronic disorganisation）、打包鼠症候群（pack rat syndrome）、亂屋症候群（messy house syndrome）、病態收集（pathological collecting）、雜亂成癮（clutter addiction）等。

這種傾向有個現代的例子：不久前，新冠肺炎疫情剛開始流行時，英國出現了民眾瘋狂囤購捲筒衛生紙的現象。當人們覺得可能無法取得自己想要的物資時，囤積的本能就會發揮作用。然而，對大數人來說，只要物資匱乏的威脅感消失，就會恢復正常，需要時再添購就好了。這就是正常行為與囤積（強迫行為）的最大區別。

一個人在心理與身體上無法放棄所有物時，就會出現囤積行為，儘管這些物品可能會造成傷害並阻擋生活空間。囤積者對其物品的信念極為強烈，這種信念跟雜亂物一樣很難消除。許多人的囤積行為都是一種「表現」（acted out），象徵著某種偏向潛意識或隱藏的問題。

「表現」（acted out）這個字詞，原本用於參與心理分析治療的當事人，但現在已經變成一種用來形容「不良」或「不健康」行為的常見說法。幼童在超市裡耍脾氣，或是你的狗不斷吠叫，這些都是典型的「表現」行為。然而，以心理動力治療的角度來看，這代表我們在日常生活的有意識行為中，顯露了被壓抑的情緒。比方說，缺少伴侶的關愛時，可能會有強迫性購物的「表現」，藉此讓自己的心裡好過一點。或者，當我們困在一個討厭卻又沒有勇氣離開的工作中，會在工作時表現出不適當的行為，害自己惹上麻煩，導致最後丟掉工作，被迫另謀出路。

一般人或多或少都會在各種情況中「表現」出來；不是只有接受治療的人會這樣。然而，最常見的結果是，人們無法藉由「表現」得到自己想要的。還有很多方式可以實現目標，譬如愛、感情、另一份工作，或是藉由堅定立場或尋求適當協助來療癒自己。這當中最大的阻礙就是「害怕」，例如害怕被羞辱或失去所愛的人。

在治療中，我們可以採用跟表現負面情緒截然不同的作法，以更有助於患者的方式來表達，像是談話、藝術治療、心理劇（psychodrama），或者透過正念來理解感受。此外，在治療過程中，我們會練習運用安全並具建設性的方式，表達衝突感受，而這正是個人發展與自我照顧的關鍵。

我在撰寫本章內容時，《每日鏡報》（*Daily Mirror*）刊出了一篇文章，標題是「英國最會囤積的人！」作者湯姆．戴維森（Tom Davidson）寫道，這位囤積者被困在家中完全動彈不得，所以在生命的最後一年被迫搬進一間民宿。結果，他囤積了一座價值高達四百萬英鎊的寶庫，其中包含超過六萬項物品，全都位在諾丁漢郡（Nottingham）的一棟排屋裡。

在英國這個超級囤積者的家中，他一生所收集的物品從地板堆疊到天花板。地方政府派去的人員，好不容易才進入屋內，發現大部分物品都是尚未拆封的包裹，最早可追溯到二〇〇二年。

由於他對空間的需求愈來愈大，所以在囤積生涯中不得不執行了幾次應變計畫，總共租了兩間車庫、鄰居花園的一部分、一間單房公寓、二十四個輪式垃圾桶，全都是為了容納他的大量收藏。這項清理任務花了公部門一百八十個小時，為期六週，動員了八個人和三輛貨車，移除屋裡的袋子、箱子及其他垃圾。為了進入屋內，工作人員還得先搬走一個又一個箱子，才能清出一條通往屋內的小路。

搬走的物品交由一家拍賣公司出售，而他們又派了十八個人拆開所有未開封的包裹。拍賣公司動用三個房間來存放三千件拍賣品，最後在四天內售出。這批囤積物的價值，估計在五十萬到四百萬英鎊之間。許多拍賣物都是從未開封的全新物品，屋主是一名男子，在四十幾歲時突然去世。他的工作是電腦程式設計師，沒有人知道他哪來那麼多錢可以囤購這麼多東西。

根據我的經驗，強迫性囤積就是在表達某些感受，例如被遺棄、失落、憤怒、恐懼、悲傷、羞恥等等。強迫性囤積者往往會表示內心空虛或寂寞。二〇一二年至二〇一四年間，我參與了第四頻道播出的紀錄片系列《隔壁的囤物狂》（*The Hoarder Next Door*），正如影片中的內容，每當我造訪囤積者的家，往往會對那些雜物的誇張程度與象徵性堆放方式感到震驚（不只是其他人，有時甚至連囤積者本人都無法解釋為何這麼做）。

這些拜訪總會讓我聯想到埃及的法老，他們在最後一段旅程（死亡）

時，會把重要物品帶進金字塔或地下室，放進自己的墓穴裡，這樣來生就能夠全部擁有。

我們會對人事物產生依戀，是因為這能夠滿足「感受性需求」（perceived need），而我們認為只要滿足這種需求，就會得到圓滿。依附很複雜。我們的自由不復存在，而我們的反應會變得情緒化。我們會留存物品，主要是因為心裡有希望。我們希望能夠減重、繼續讀書、好好完成被放棄的計畫，這種希望可能有上百個，這就類似新年許下的美好心願，而我們都知道大部分目標到了一月中的時候會有什麼結果！問題是，我們無法實現願望或目標時，往往就會產生罪惡感。

依附與失落是密不可分的；只要依附，就有可能失去。可以確定的是，每個人都會經歷失落。重大的失落通常會帶來一段深刻的悲傷、情緒痛苦，甚至是無望或絕望的感受。這可能是一段傷心欲絕的時期。

我第一次遇到囤積行為是在一九九〇年代早期，當時，我的心理治療師生涯才剛起步；事實上，我甚至還沒完成訓練。第一份治療實習工作是在國民保健署的飲食失調部門，我記得自己在一間重新裝修的雜物室兼治療室裡坐了好幾天，每週都在同一時段、同一地點出現，變成讓當事人覺得一致不變的「物體」。

在說明什麼是「讓當事人覺得『一致不變的物體』」之前，我們必須先理解「客體恆常性」（object constancy）的心理動力學概念，而此概念又源自於「物體恆存」（object permanency）概念（我們在兩到三歲時習得的一種認知技能），也就是即使我們無法以某種方式看見或感知某物體，也會明白它仍然存在。成年之後，物體恆存概念會讓我們信任自己跟親近之人的聯繫，儘管他們不在身邊、未接電話、沒回簡訊，甚至對我們感到沮喪。在物體恆存的概念中，不在場並不意味著消失或遺棄，而只是暫時的分離。

舉例來說，邊緣性人格（borderline personality）的特徵就是缺乏物體恆存的概念。對不安全依附者而言，就算是再短暫或再微不足道的距離，都會讓他們再次經歷遭到遺棄、無視或輕蔑對待的痛苦。恐懼可能會導致他們採取一些應對的生存行為，例如否認、黏人、躲避與無視他人，以及在關係之中抨擊對方，或者表現出破壞關係的模式，藉此避免被拒絕的可能性。

少了物體恆存的概念，人們很可能會被視為「部分」而非「整體」。他們會陷入掙扎，就像孩子很難理解母親是一個完整的人，而這個人有時會獎勵他們，有時又會讓他們失望。這段關係可能會顯得不值得信任、不堪一擊，幾乎完全取決於他們當下的心情。他們看待對方的方式似乎並不一致，隨時都在改變，而且時好時壞。

跟患有飲食障礙的當事人相處，讓我明白任何人都難以應付缺乏食物或飢餓的經驗。當時我留意到，最常見的囤積行為就是囤積食物。當你吃的不夠，大腦就會認為食物很稀少。當你的大腦認為食物很稀少，可能也會因此認為基本資源很稀少。因此，在長期能量不足的情況下，你就會產生囤積各種物品的渴望。

我在那間雜物室面對的第一位當事人，是一名患有交替性暴食厭食症（bulimarexia）的年輕女子。這種特殊的飲食障礙，結合了厭食（anorexic）與暴食（bulimic）的症狀。它的症狀長期模式，包括長時間禁食並使用瀉藥，進入一種暴食與清除的週期；這類當事人會吃下大量食物，然後又吐出來，有時一天多達二、三十次。這種「虐待」身體的後果會導致器官損傷、牙齒琺瑯質損壞及骨質流失。

對患有飲食障礙的當事人而言，囤積食物通常不是唯一的症狀，可能還伴隨下列情況：

- 偷竊或藏匿食物
- 在短時間快速進食
- 存放或貯藏食物
- 如果食物有限、被拿走或被迫跟別人分享，他們就會變得很情緒化、易怒。

交替性暴食厭食症中的厭食與暴食症狀，具有相同的傾向：

- 猶豫
- 焦慮
- 憂鬱

- 社會因素／功能障礙
- 基因／遺傳關聯

在經過二十五年的治療師工作後，我現在明白了，以前所治療過患有飲食障礙的當事人，許多可能也是囤積者。囤積行為和飲食障礙，也跟強迫症密切相關。可惜的是，如今「強迫症」一詞往往會被輕率使用並拿來開玩笑。但強迫症可不是什麼玩笑。在這種經常受到誤解的精神疾病中，患者的思想與行為可能會使日常生活變得極其困難。因為強迫症會產生重複的想法或衝動，有些甚至是具侵入性且不需要的，這也會引發程度不一的焦慮。為了減輕焦慮的感受，患者就會出現強迫性的行為或習慣動作。

對於安全有強迫性想法的人，可能會鎖上並打開前門或車門數十次，才能夠放心地離家或開車。其他可能的模式，包括產生持續不斷的想法，例如，總是想著污垢或細菌，或是一直懷疑某件事故的原因。

跟強迫症有關的強烈衝動與強迫意念，有時候會導致我們很難擺脫或取得物品。比方說，強迫症患者擔心如果弄丟某個東西，壞事就會發生。某些人在給予或丟棄物品時，可能會覺得心裡不踏實，甚至想要記錄並保留那些會讓他們想起生命中特定時刻的東西。譬如，他們可能會留下童年時期的所有玩具。

在某些個案中，害怕髒污可能會導致患者不願意丟掉東西或取得新東西。強迫症患者擔心地上的東西被污染，所以就讓地板放滿了本來應該要丟掉的東西。展現出污染恐懼的人，可能會把自己在商店裡碰過（以及「污染過」）的東西全部買下來，以防止被他人污染。

另一種公認的行為模式是「神奇數字」，這也會導致患者獲取過多的物品。他們覺得自己購買的所有東西，都必須是「神奇數字」的倍數。

某些人不想丟掉舊信件，因為這會讓他們陷入永無止盡又焦慮纏身的檢查儀式。有些時候，人們會過於擔心丟棄東西是錯誤的決定，所以乾脆什麼都不丟。

患有強迫症的囤積者，往往無法捨棄根本不需要的東西；他們會把東西留存下來，並相信總有一天會派上用場。

在過去，囤積通常會跟強迫症連結在一起。《精神疾病診斷準則手冊》第五版中，已經把強迫症之強迫意念和強烈衝動有關的囤積形式（如前所述），區分出一種獨立的病症：囤積症。

強迫性囤積最難處理的一點是，囤積者可能不會意識到這種行為有危害自己和他人的風險，也可能拒絕跟試圖幫助他們的單位合作。然而，他們可能會因為別人對自己所有物的反應，而產生嚴重的焦慮與羞恥感。這將導致他們更孤立，並使風險加劇。舉例來說，如果他們不聯絡工匠或拒絕對方進入，維修或保養工作就無法完成。同樣地，囤積者可能會跟朋友、親戚和支持機構保持距離，使得孤立的情況更為嚴重。

有不少理論探討了強迫性囤積的觸發因素，以及相關的治療方式。每個人的原因都很複雜也不盡相同，根據我的經驗，觸發因素很可能結合了在童年時期經歷的壓力及其他創傷。除此之外，目前的研究也顯示這當中有強烈的遺傳傾向。不過，最近一位患有強迫性囤積症的當事人轉診過來時，我還沒料到情況會如此錯綜複雜。

將艾比蓋兒轉介過來的，是一位在監獄工作的精神科醫師同事（在英國稱為司法精神醫學，在美國則稱作法庭精神病學）。艾比蓋兒在監獄裡企圖上吊自殺，因此正在接受精神治療照護。一切都是從艾比蓋兒的囤積症失控開始，她在整理與丟棄物品方面遇到了困難，導致家中環境雜亂不堪，也因此不好意思讓別人看到自家的狀況。她的主要障礙是完全的社會孤立。

艾比蓋兒的囤積問題始於童年時期。她在精神鑑定報告中坦承自己會把東西藏在床底下，以免被丟掉。她也記得自己是個容易害怕和焦慮的孩子。從小，艾比蓋兒的囤積症狀就時好時壞。

報告中寫道，在她家中某些地方的雜物堆到了四英尺（約一・二公尺）高，室內的房間都失去了原本的用途，尤其廚房因為堆積的雜物而無法使用。她只能在屋內的某些區域走動，因為桌子、椅子、沙發和地板上幾乎都放滿了物品。艾比蓋兒的囤積物，包括報紙、雜誌、錄影帶、衣物、袋裝垃圾、書本。其中最主要的東西是來自各慈善機構的衣物。

由於鄰居投訴她家有害蟲出沒，地方政府必須派人前來清理。工作人員進行清理作業時，在她的臥室裡發現了兩具新生兒的遺骸，遺骸「完整無缺」，身上還穿著玩偶的衣服與鞋子。

嬰屍被掩埋在臥室角落堆積如山的垃圾堆下方，那裡的垃圾量足足有一卡車之多。後來，他們發現囤積物中的兩具嬰屍是雙胞胎。不只如此，同事的轉診報告中，還提供了警方拍攝的囤積物和死嬰的照片，讓我清楚了解囤積情況的嚴重性及其可怕的生活條件。警方報告和法醫證據指出，那兩名嬰兒都是死產。艾比蓋兒向我的同事透露說：「那嬰兒是我被我爸強暴後生下的。」

根據艾比蓋兒的敘述，她從六歲就開始遭到父親的性虐待，持續到二十幾歲，而且狀況愈來愈惡化，演變成折磨與性侵。這件事一直到她父親死於心臟病才停止。附近鄰居指出，艾比蓋兒在八年前搬進排屋，當時她二十歲。

資料顯示，艾比蓋兒的母親有精神方面的問題，像是強迫性囤積、憂鬱和嚴重焦慮，都是在艾比蓋兒出生後幾個月開始的。艾比蓋兒的母親在企圖自殺兩次之後被送進精神病院，而艾比蓋兒的童年大多數時間都跟外祖母生活（對方也是強迫性囤積者），但有些時候也會和父親住在一起。

艾比蓋兒記得，父親在她小時候對她很疏遠，也不照顧她們母女。在艾比蓋兒六歲時，母親在精神病院自殺身亡。她母親去世後，大部分時間她仍然跟外祖母生活，不過，有些時候還是會跟父親和他的新伴侶同住。

艾比蓋兒顯然難以接受母親的自殺，因此做出了一些自殘行為。從她十二歲起，一直密切注意她的社福單位記錄了這些行為，包括淺層割傷、頭部撞傷等等。

在她大約十三歲時，外祖母發現她試圖在臥室用一條圍巾上吊，之後她就被送進當地的兒童青少年精神病院。另外，也有一份心理報告指出，她在入院初期患有意識狀態變化的症狀，也就是一般所知的「解離」（dissociation）。

對於心理受創的人來說，解離成了他們唯一能夠存在的方式，因此自我感的自然成長與發展，也會因為資訊中斷變得支離破碎。這裡指的資訊，包括了情感和記憶。發生這種情況時，情緒發展的自然成長及自我意識，也會被切斷或分離。也就是說，解離會讓自己脫離那些經驗，包含身體與情緒經驗、記憶、感知、認同。解離是面對童年創傷時，自然產生的一種防衛機制，一般也認為兒童比成人更容易出現解離的情況。

如果孩子遭受極端的虐待，通常會表現得自我退縮，在心理上逃離使自己痛苦的經歷。這種情況發展自兒童的解離防衛機制，如果一直持續到成年，就會演變成「解離性疾患」（dissociative disorder）。解離性疾患分為五種：

- **解離性失憶症**（dissociative amnesia）：當事人無法回想起重要的個人資訊，尤其是關於特定事件的內容；他們等於是從腦海中抹去了那些資訊。
- **解離性漫遊症**（dissociative fugue）：當事人會發現自己到了某個地方，卻不記得是怎麼過去的，有時候甚至不知道自己是誰。
- **自我感消失症**（depersonalisation disorder）：如前所述，當事人

會從自己、個人感受或正在經歷的情況中脫離。

- **解離性身分障礙症**（dissociative identity disorder）：在這種情況中，當事人的人格核心之中會出現兩個或多個身分。這種狀況也稱為「多重人格疾患」（multiple personality disorder）。
- **無其他分類的解離性疾患**（dissociative disorder not otherwise specified, DDNOS）：如果當事人並未表現出明顯症狀，或是尚未給予完整診療時，我們就會使用這種描述。這些解離性疾患有幾個重要的共同症狀，包括失憶、人格解體、失去現實感、認同混淆、認同轉變。

當時，替艾比蓋兒治療的心理醫師指出，她在描述這些改變的狀態時，就像發生於身體之外，而且跟別人、跟她自己的行為都是分離的。資料也明確記錄了艾比蓋兒遭到性侵，對方是她的生父和生父的新伴侶。

遭到性虐待的當事人，通常會以象徵方式，來表達自己受到的情緒與身體虐待。在許多情況下，情緒與身體虐待的表達，會透過行為、話語和當事人所使用的隱喻，包括身體感覺與日常生活中的重複模式。

我們必須記住，兒童所受的虐待及經歷虐待的心理創傷，對無能為力的他們來說都是一種折磨。創傷經驗中的未成年人，在施虐者的壓倒性力量下顯得無力又無助。正因為這種強烈的無助感及有限的應對能力，導致孩子必須透過解離的方式來保護自己。解離能讓未成年人暫時脫離這種創傷經驗，或者至少在情緒上保持疏遠。

不幸的是，艾比蓋兒在十六歲時，因為一次嚴重的自殺未遂而被送醫急救，並在當地的精神病院接受了兩個月的密切監護。資料中也寫道，雖然她被拘留在精神病房裡，還是服用了平時囤積的大量藥物，而且繼續自殘，使用偷來的金屬叉子刺傷了自己的雙腿和腹部。

然而，創傷最具破壞性也最令人痛苦之處，是我們會在根深柢固並習以為常的自我實現（應驗）週期中，誤以為情緒痛苦是「自己」造成的。如果我們相信情況是自身的性格所導致，那麼很可能認為自己對此無能為力。如果我們害羞或內向，就會覺得自己永遠都是這樣，而受虐者要是缺少參考的對象，也很可能認為這就是他們的定位或宿命。

司法警察報告指出，經過詢問，艾比蓋兒的鄰居們一致認為她不善社交，而且發現她隨著時間變得愈來愈深居簡出，也經常蓬頭垢面。最後，艾比蓋兒完全不跟鄰居交談，偶爾還會在前門外喝得爛醉。鄰居很訝異聽到艾比蓋兒家中有兩具嬰屍，因為她是獨居，他們甚至不知道她曾經懷孕。不過，鄰居也表示她的家人偶爾會來探望她。

最令人吃驚的是，艾比蓋兒現在竟然要求見我並接受轉診治療，原因是她記得幾年前曾經短暫見過我。我記得那一次的事。當時，我在一個兒少拘留機構工作，正在帶領一個團體，其成員多半是青少年，那次討論的主題是自殘經歷和飲食障礙，我想她就是那個團體裡的成員之一。

可惜的是，我對她的印象很模糊，畢竟那只是心理教育團體，而非個別的一對一會談。這個團體是要用於教育目的，顯然無法像個別治療那樣深入了解每個人。不過，我很期望能再見到她，想了解是什麼悲慘的情況導致她變成現在這個樣子，當然也要弄清楚她怎麼會讓家裡堆滿雜物、鼠患肆虐，還把兩具嬰屍埋在垃圾堆下。

現在，顯然她即將要出獄了。出獄的其中一項規定，是她必須聯繫心理健康醫療團隊，並針對自己的心理狀態和囤積症接受心理治療。

正因如此，艾比蓋兒才會特別要求見我，並希望能在一年後出獄。

在三月的某一天接近中午時刻，由於英國的天氣變化莫測，我在前去探監的路上遇到了一場大雪。

抵達後，我對那裡的第一印象是，那道外牆彷彿在保護著一座城堡而非監獄。那座建築就卡在擁擠郊區的一處狹窄角落，必須經過幾個檢查哨才能進入訪客區。我沒把握自己還認不認得艾比蓋兒，畢竟已經過了這麼多年，我對她的記憶很模糊，不太確定能不能立刻認出她。

當我在訪客區向負責的獄警報到時，心想著這個地方有多麼破舊又令人消沉。牆面上的油漆都褪色了，而坐在生鏽檔案櫃旁的行政祕書，臉上明顯擺出「別惹我」的表情。一名獄警過來招呼我，他的長相粗獷，看得出這份工作很辛勞。他伸手寒暄道：「我正在等你。外面的天氣怎麼樣？雪下得好大！」

「很糟，一路上都在塞車，我擔心等一下要花很多時間才能回到家。」我說道。

他對我露出微笑。「哎呀，我寧願待在外面，也不想要在這裡工作一整天呢。」

我們倆都笑了。

「好了，基歐西斯先生，請跟我來。」我被帶進一個看起來像是審訊室的房間，對方指著一張塑膠椅面有髒污及刮痕的椅子。

「你可以跟艾比蓋兒會面一個小時。請在這裡等一下，有人會帶她過來。」

結果我大約等了一個小時，直到另一名獄警進來。我至少看了手錶十幾次，也很擔心天氣狀況，我只能透過一扇位置很高的小窗戶，看到外面下雪又下得更大了。

後來出現的這位獄警，體型比前一位小，動作非常緩慢又不多話。他先為了延誤會面的事道歉，可是沒說明原因。他問我需不需要喝什麼，於是我說：「謝謝你，只要一杯水就好。」

他消失後，我一邊等候，一邊產生了一種壓抑感。除了遠處的聲音，這裡安靜到我幾乎都能聽見自己的心跳聲。監獄對我產生了影響，四周的牆面似乎正在向我逼近。我坐在那裡望著窗外的雪花飄落，又開始想起回程的事了。來見艾比蓋兒這趟行程所耗費的時間，遠超出我的預期，等我回到家就很晚了；前提是我回得了家。現在，外面幾乎是一片白茫茫。

我聽見一陣輕微的敲門聲，那名獄警回來了，這次後面還跟著艾比蓋兒。這個年輕女子走進房間時，對我露出微笑。獄警要她坐下，她走到桌子另一側，坐到我對面的塑膠椅上。

「我看到你正在望著窗外。外面正在下雪，天氣真的很糟嗎？」她問道。

「對，外面的天氣確實很糟。我開車到這裡就很困難了，可見得等一下要回家也不會太容易。」我露出微笑使她安心。艾比蓋兒似乎很緊張，我看見她額上有汗珠。

「很高興能再次見到妳，艾比蓋兒，離我們上次見面是好久以前的事了。我讀過精神科醫師寄來的檔案，也記得我們上次見面的時候，但老實說我沒有記得很清楚。」

儘管我試圖用這些開場白讓艾比蓋兒放鬆下來，她還是非常緊張。我給她一點時間放鬆，回答了她提的幾個問題，然後才開始說明並討論我們在她的治療中會做些什麼。

「首先，艾比蓋兒，」我說：「我們要探討妳在童年及成年之後經歷的創傷，了解這些創傷經驗如何影響妳的情緒、關係及行為舉止。這應該對妳有幫助，而且也是讓妳從生命挑戰中復原的第一步。」

艾比蓋兒看起來很困惑，她像學生一樣舉起了一隻手。

「有什麼不明白的地方嗎？」我問道。

艾比蓋兒點點頭。「什麼是創傷？」

「創傷可能是單一事件或一連串事件，其中包括發生在妳身上的事，讓妳感到無助又害怕，例如性虐待和身體虐待。」

「就像我爸在我小時候對我做的事嗎？那算是創傷嗎？」艾比蓋兒

問道。

「沒錯，艾比蓋兒。如果孩子被照顧者虐待，就會受到創傷。那種虐待通常會讓他們覺得羞恥又難堪，而他們往往認為是自己的錯。但這絕對不是孩子的錯！」我大聲說道。

「我懂了。」艾比蓋兒說：「這也能幫我解決囤積症嗎？」

我微笑著。「這正是我們的目標，艾比蓋兒。這應該也能幫助妳面對自己的囤積症。我使用的療法結合了認知行為治療和心理動力治療。」

「哇，那是什麼？」艾比蓋兒問道。

「第一種療法是認知行為治療，著重的是妳認為自己的生命經歷有什麼意義。人類會不斷解釋身邊發生的一切，並且對自身經歷去形成看法與理解。這些看法會影響我們實際看待世界的方式，有時候我們的想法會造成痛苦，導致我們做出無益的行為。我要幫助妳審視自己的看法，而且讓妳明白它們的意義。」我說道。

艾比蓋兒專心地看著我，眼睛幾乎沒眨一下。她點了點頭。

「跟認知行為治療一起使用的另一種療法是心理動力治療。這種療法會幫助妳理解自己的情緒、思維與看法有什麼模式，讓妳明白自己做出那些事的原因。這些模式通常都是從童年時期開始的，因為心理動力學理論認為，早期的生活經驗會影響心理發展及成年後的身心運作。心理動力治療應該會幫助我們找出妳之所以為妳的重要線索；接著，我們會重新整理這些因素，讓妳能夠以更實用且更正面的觀點看待自己。」

艾比蓋兒露出有點困惑的微笑。「好吧，我不知道自己是不是完全懂，但我相信你。」

我回以笑容。「好極了，艾比蓋兒。別擔心，如果妳在我們會面時有不懂的地方，我會一次又一次解釋清楚的。不過，請先告訴我，妳為什麼決定要見我？」

接著，艾比蓋兒便開始述說。我從她的聲音中注意到的第一件事，就是她明顯感受到的痛苦與悲傷情緒。一開始，她先說明了特別要求見我的原因。

「我想要見你是因為幾個理由。我記得你帶領的那場團體治療，當時我十六歲，患了厭食症。那是一個團體，所以我當時一直沒機會跟你交談。我很想去找你，可是太害怕了。我記得你來了三次，每一次結束後，我都想要鼓起勇氣去找你，不過，那個時候的我太害羞了。」她自嘲地發出輕笑聲，比較像是覺得尷尬而非有趣。

我對著她笑。

「是的，我很抱歉，艾比蓋兒。我被指派到那個兒少機構的時間只有三週，目標是把你們視為一個團體而提供協助，如果妳記得，我們當時討論的是自殘和飲食障礙，沒辦法單獨會談。」

她點點頭，然後看著我。

「重點是……」她說話時眼神下移，手裡緊抓著衣袖口。我注意到她的指甲被咬到幾乎要見肉了。

她看著我，繼續說：「向其他人開口真的很困難，就算是朋友和家人也一樣，但我又必須找一個人談，希望對方能聽我說，站在我這邊，而且不會批評我。我一直覺得你最適合。」她聳了聳肩說：「可是我根本沒機會，一直到現在才能見到你。」

她有點訝異自己的請求竟然獲准了。

這是很重要的時刻。艾比蓋兒決定信任我。如果沒有先前的那段關係，這場會面與談話內容就不可能發生。

「繼續說吧。」我溫和地說。

艾比蓋兒又低頭看著自己的手。「你知道我受過虐待，對吧？」

「是的，我知道，我讀過妳的檔案。」我說道。

「那你也知道嬰兒的事吧？」她問道。

我點點頭。

「重點是，我爸總會對我亂來，你懂我的意思嗎？」她問道。

「是的，我明白。」我回答道。

「那很可怕。」艾比蓋兒說道，她的表情有點扭曲，然後又稍微聳了一下肩膀。

「我猜你到最後也只能妥協吧。呃，至少我是這樣，後來就算他開始強暴我，我好像也不太震驚，畢竟他之前就做了那些事。總之，我媽死後，他根本不必擔心這些行徑會被發現，後來的情況竟然還變得更糟，因為那個跟他在一起的女人也加入了。我覺得很奇怪，因為我還以為女人不會做那種事。

「我爸是一個機車幫的成員，那個幫派的其他男人整天都在我家廝混。我常常躲在臥室裡避開他們，可是有一天晚上，我爸帶了其中一個男人進我的房間。我記得那個男人說『她可真瘦小，不是嗎？』

「我記得我爸還笑了，然後把我拉下床。

「『沒得挑了啦！』他說，然後我就發現那個男人正在脫褲子。」

艾比蓋兒暫停下來，閉上了眼睛。我看得出她的眼珠在眼皮下轉動，想必她正在心裡回想那個可怕的夜晚。

艾比蓋兒清了清喉嚨，聽起來像是在強忍淚水。「哎呀，他只是第一個，接著又進來了大概八個人，如果把我爸算進去，就是第九個。我盡量一直閉著眼睛，因為不想看見他們的臉。我聞到他們嘴裡的酒味，而且大部分的人都有體臭及尿騷味。結束後，他們都離開了，我還以為我爸會進來看看我，或者說點什麼，結果沒有。」

艾比蓋兒又暫停下來，然後深吸了幾口氣。

「在那之後過了大概三、四個月，我發現自己懷孕了。我知道孩子的爸是我爸，或是他那幾個朋友之一，而我也知道這樣是不對的，所以沒告訴任何人，他似乎也沒發現。後來，他心臟病發作死了。跟他在一起的那個女人也離開了，不告而別！」

艾比蓋兒顫抖著，長嘆了一口氣。

「總之，我在家裡把孩子生下來，我真的很害怕，特別是生下的孩子還不只一個。剛出生的孩子看起來不對勁，我才知道兩個都死了。可笑的是，雖然我覺得孩子很可憐，但另一方面又感到慶幸，因為我不知道自己會怎麼做，也不知道要怎麼照顧孩子。更何況她們都是女孩，或許死了還比較幸運，免得長大後必須經歷我經歷過的事。」

艾比蓋兒的聲音變小了。

「我替她們穿上一些玩偶的衣服。當然，我本來以為自己只會生下一個，不過我的玩偶衣服足夠讓兩個孩子穿，所以我把她們打扮得很漂亮，還穿上了鞋子之類的！原本我想把她們帶到外面找個地方埋葬，但我家沒有花園，我也不知道去哪裡弄到鏟子等工具來挖土。」

這是一個極度悲傷的故事，我也為艾比蓋兒深深感到遺憾。她是一個看起來非常纖弱的女孩，灰褐色頭髮，整個人顯得很氣餒。她因為多次行竊而入獄，此外，由於嬰兒已確認是死胎，所以她不必為她們的死亡而受法律制裁。我知道，要協助這名年輕女子克服嚴重受虐創傷與囤積惡習，好讓她能夠過著近似正常的生活，是非常困難的。

遺憾的是，艾比蓋兒並非唯一遭受這種虐待的受害者，其實不論性別都會發生，而且不限種族、年齡、文化、宗教、社會經濟水準、性取向。性虐待創傷可能會引發許多心理問題，包括憂鬱、焦慮、自尊心低落、虐待行為、社會問題、性和食物問題、化學物質或性成癮。

其中一些情況可以隱藏到某種程度，例如，有人覺得憂鬱，卻還是故作堅強，表現出應付得來的假象，然而，強迫性囤積者實際製造的混亂，卻是如此明顯又「響亮」（我稱之為視覺噪音），因此想要掩飾或隱瞞極為困難，幾乎不可能。問題在於強迫性囤積是私下發生的（就像我的電視節目中那樣），而且可以在不為外界所知的情況下維持非常久，直到發生某種危機，例如，艾比蓋兒入監服刑，有人通報公家單位去清理她的家之類的。

一般人對於囤積最常見也最刻板的印象，就是家中飼養數十隻貓的「貓女士」（cat lady），或者認為囤積者過著混亂、骯髒、毫無秩序的生活。事實上，並無證據顯示囤積者一定很混亂或衛生習慣不好。還有一件事可能令人更訝異：兒童和青少年也會成為囤積者，但大家往往不這麼認為，因為父母會控制子女的環境與活動，或是把程度輕微的收集習慣當成一個「階段」而已。

時隔多年又見到艾比蓋兒，我的第一個目標就是要讓她在出獄後願意再來見我並繼續接受治療。任何治療關係的發展，都必須以信任為基礎。

然而，每個人對信任的看法都不盡相同。雖然心理治療師本來就必須值得信賴，但幫助當事人可不是一般人以為的那麼簡單。

我發現，若想要持續建立信任，最重要的因素是讓當事人知道他們本來就有做自己的權利。

此處必須指出，心理治療專業的獨特之處，在於強調兩個基本過程：

- 協助當事人度過正常的生活轉變，而不是只在悲慘與失衡的時刻提供協助。
- 與當事人一起預防狀況發生。

艾比蓋兒下次預約會面的地點就在我的諮商室。她會回到已經被政府派人清理乾淨的家中。

囤積問題的處理相當複雜，不只是打掃房子並把堆積的物品丟掉而已。如果未能妥善處理基本的問題，囤積者就會又開始堆積新的物品，很快又把清理乾淨的空間填滿。如今，各家電子媒體、報章雜誌、網路社群等，已經讓囤積症成為焦點，希望這樣能夠激發專家進一步研究，讓我們更了解這種行為的根本原因。

這也是我同意參與電視節目《隔壁的囤物狂》的主要理由。你可以在節目中看到，那些囤積症狀就像一種用於保護個人及其感受的堡壘。囤積是很難放棄的應對工具。處於否認階段的強迫性囤積者，往往會拒絕接受治療，因此強迫性囤積症可能演變成非常嚴重的疾病，對身心靈造成極大的傷害。

每個人都有自己的人生故事。當囤積者在情緒與物質的雜亂情況加劇，這種狀態也會融入他們的個性，導致他們愈來愈「珍視」並過度依戀物品。與囤積症相關的因素，包括了年長、焦慮、有限的適應力、對病症的理解不足。這往往也會引發社交功能失調、功能障礙、功能恢復受損、死亡風險提高、嚴重精神病（例如焦慮和憂鬱）、生活品質下降。

其他特徵則包括完美主義、優柔寡斷、拖延。跟它相關的還有強迫症、強迫性人格疾患（obsessive-compulsive personality disorder, OCPD）以及其他心理疾患（例如情緒障礙、思覺失調症、失智症、飲食障礙、智能障礙）。強迫性囤積症現在已由《精神疾病診斷準則手冊》第五版（二〇一三年）正式認定為一種疾患。

我跟許多人一樣，也會收集各種物品（以我來說是書籍）。收集是人類的一種自然活動，某些演化心理學家也認為，這在我們過去的歷史中具有演化優勢（比方說，囤積也許是在資源嚴重匱乏時期的適應行為，提高了繁殖成功與人類生存的可能性）。然而，對少數人而言，收集和囤積可能會變得過度及病態。

艾比蓋兒一出獄就到我的諮商室來見我了。她一邊坐下，一邊說：

「我沒在收集東西了，真的！」

她一開頭就說這件事，讓我極為肯定她一定又開始囤積了。雖然我知道公家單位已經派人清理過她的家，不過，她回來之後，問題很明顯依然存在。

我問艾比蓋兒過得如何，她聳聳肩。

「我想還可以吧。申請救濟金的過程有點麻煩，不過現在已經處理好了。」

「在妳小時候，父母都是靠救濟金生活嗎？」我問道。

艾比蓋兒乾笑了一聲。

「大概吧，但不管他們收到什麼錢，幾乎都會拿去買酒和菸。當然，我爸也會把錢花在機車或相關用品上。我記得問過他能不能再給我一條毯子，因為我在冬天都冷到睡不著，結果當然是沒有。」

「妳從幾歲開始被他虐待？」我輕聲問。

「不知道。也許八歲左右吧？其實，他就是在我跟他多要一條毯子的時候，說他可以溫暖我。起初，我還以為他是好意，結果他開始用粗肥的手指插進我的身體，那樣很痛。」她說道。

倖存者在談論性虐待時，可能會經歷各種情緒。他們也許會感受到虐待的恐怖與痛苦。倖存者可能會認為自己應該採取不同的作法，因而覺得內疚。這些混合的強烈情緒不應該丟棄，而是要仔細思考與審視。

心理動力治療已經證實能夠有效治療受到性虐待創傷的當事人。因此，我運用了心理動力治療的一些特徵，做為治療的重點。

這些特徵包含：討論過去的經驗、辨認一再出現的主題和模式、嘗試避免陷入過去與當前經驗的觀點。「跟著紅線走」這個說法，是要鼓勵治療師專注於在治療期間產生的想法與情緒，別被瑣碎的問題和情況分散注意力。

因此，治療師必須將心比心、不帶偏見、傾聽當事人的不安、展現同理心，才能提供當事人舒適的交談環境。

不過，深刻理解臨床原則也是有好處的。處理遭到性虐待的當事人所運用的方法，跟傳統的治療技術有顯著差異。研究心理治療的學生，如果沒有性暴力與性虐待領域的學習和受監督的臨床經驗，就無法完善地為受到性創傷的當事人提供有效建議。如果未接受適當訓練，臨床實習生很難發展出治療關係和治療計畫，也難以跟當事人保持正確的專業界限。

研究顯示，為遭到性虐待之當事人提供諮詢的治療師，也會有經歷替代性創傷（vicarious traumatisation）的風險。替代性創傷是治療師在治療過程中的情緒殘渣，畢竟他們會聽到當事人的創傷故事，因而見證了創傷倖存者所忍受的痛苦、憂慮及驚恐。替代性創傷會影響治療師的專業表現與職能，也會導致判斷錯誤。因此，心理健康專業人員應該接受相關教育，更深入了解性虐待、性虐待迷思、性虐待導致的創傷後壓力症候群、性虐待犯罪者。

「妳還記得自己從什麼時候開始收集東西嗎？」我問道。

「大概是十歲吧。當時，我發現街上有很多廢棄物。某天，我在商店街附近逛，看到地上有一個易開罐的拉環，在陽光下閃閃發亮，看起來好像黃金。於是我把它撿起來，可能就是從那時候開始的吧，只要看到那種東西就會撿起來，把它們放進家裡的一個購物袋裡。我喜歡搖動購物袋時，它們在裡面發出的碰撞聲，而且白天把它們放到窗台上曬太陽，就會閃閃發亮。它們讓我覺得擁有某種真正的寶物，總有一天我可以買到一張離開我爸的車票。」她說道。

「虐待的情況仍然持續嗎？」我問道。

「嗯，他簡直就是對我予取予求，隨時想要的時候就會強暴我。他想要我替他口交，我就說我會把它咬斷。」她竊笑著。「然後他說如果我真的那樣做，他會把我的牙齒全部打掉，不過他沒再逼我了。」

「妳說過，後來跟他在一起的那個女人也加入？」我問道。

「是啊。」艾比蓋兒一副若有所思的樣子。「她也加入了。我之前說過，當時我不知道女人也會那樣。他們也喜歡讓我看他們做那種事，我覺得可怕極了。那兩個人看起來都像豬，聽起來也像。他們虐待我的時候，我根本不得安寧，直到他死掉為止。」

第一次會面結束後，我明白自己必須造訪艾比蓋兒的家，去看看情況，還有她囤積了多少東西。對醫事人員來說，尤其是在社區心理健康團隊工作，或者是社區精神護理師或心理健康從業人員，進行家庭訪問並不罕見。

有些時候，心理介入可以在諮商室的界限之外發揮更好的效果，比方說治療恐懼症的介入措施。例如，跟患有特定場所畏懼症的當事人在開放空間會面，或是跟害怕飛行的當事人一起飛行，這些都是治療介入的最後步驟。又或者是陪伴當事人前往墓地或參加葬禮，藉此協助緩解其複雜性悲傷——也許當事人不願獨自做，因此提出了這類要求。

造訪囤積者的家時，我就有機會了解對方的囤積地盤。我能夠觀察對方家裡的雜亂情況，也可以親自感受其條理、衛生習慣，並判斷是否有任何潛在風險。比起以臨床為基礎的訪視，造訪囤積者的家會透露更大量的資訊。在治療中的這種界線跨越（boundary crossing），都是詳細建構的治療計畫，可以提高治療效果。

我們約好造訪艾比蓋兒的家。我一抵達目的地，心就沉了下去。光是在外面從窗戶瞄一眼，就知道情況已經很糟了。就算公家單位已經派人清理了屋內的囤積物，她的囤積行為還是復發了。

艾比蓋兒似乎很高興見到我，她帶我經過一條走道，走道兩旁堆滿了裝著空錫罐的購物袋，接著我們進入客廳，但牆面堆疊著打包成捆的舊報紙，完全淹沒了長沙發。在那個房間裡，說話的聲音都有一種像是被悶住的怪異感覺，那是因為艾比蓋兒無意中製造了絕佳的隔音效果。

兩張破舊椅子和一張搖晃的桌子，占據了窗邊的空間，不過，從那張椅子坐墊的凹陷狀態看來，原本應該擺了其他雜物，一直到我抵達之前才清空。艾比蓋兒把一包佐茶餅乾，全倒在一個有裂痕的盤子上，然後遞給我一杯茶，杯子看起來很髒。我接過之後，坐了下來。

囤積症的治療有時候很困難，因為許多人都未意識到囤積的不良影響，或是不認為自己需要治療，尤其是物品或動物能夠提供慰藉的時候，他們往往會在所有物或動物被帶走時，出現憤怒與生氣的反應，而且很快又會收集更多東西來滿足自己的情緒需求。所以，我看到艾比蓋兒家中又堆滿雜物時，其實不太意外。

此處，我要再次強調雜亂（clutter）和囤積（hoarding）的差異。囤積是累積大量物品，通常價值不高（例如番茄醬包、報紙等）。要求囤積者放棄物品極為困難，他們也不會這麼做。因此，物品會以危險的方式愈積愈多，導致他們經常找不到需要的東西、數量太多或太麻煩而不清理，他們也會發現人際關係與工作上的專業都受到影響。

另一方面，雜亂基本上就是混亂的環境；但跟囤積不一樣的是，雜亂者在家裡可以安全行走。有些人會收集很多東西，可是那些東西跟囤積者的物品不一樣；收集者家中的這些雜物，都具有價值或個人意義。從另一個角度來看，清除雜物並使家裡保持整齊這件事，對於有雜亂問題的人可能會很困難。他們會發現自己無法決定哪些有價值的物品應該留下，哪些應該丟棄。就算有人幫忙清除或整理，他們也很難保持整齊。即使獲得短暫的乾淨，過一陣子之後環境又會陷入雜亂。

囤積者會對物品產生情感。藉由談論覺得特定物品重要的原因，我們可以幫助他們理解自己記憶中的情感依附，而非把重點放在實體的物品上。因此，針對艾比蓋兒的囤積情況，我一開始就提出了最相關的問題。

「這些物品為什麼對妳很重要？艾比蓋兒。」我揮動手臂指著房間裡的東西問道。

艾比蓋兒看起來很不好意思。

「我收集報紙。我從來沒買過報紙，但我會撿垃圾桶裡的，偶爾也會趁火車站售票處那傢伙沒注意時拿走新的。你知道《都市日報》（*Metro*）嗎？他們會免費送給搭火車的人。」

「我知道《都市日報》。」我說：「但妳收集報紙是為了什麼？」

「我喜歡讀裡面的故事。」她苦笑了一下說：「我想看看有沒有其他傢伙過得比我更慘！」

「妳會全部看過嗎？」我問道。

「不，我的閱讀速度沒那麼快，所以才會全部留下來啊！」她說道，語氣帶有一絲希望，彷彿我會認為這能夠合理解釋她所做的事。

「那麼錫罐呢？」

艾比蓋兒咬住嘴唇。「呃，我只是覺得那些東西很不錯，有這麼多顏色及類型，而且上頭還有拉環，我從小就很喜歡。它們是我的寶物。」

艾比蓋兒囤積了許多不同的物品，包括衣物、書本、小雕像、家具、廚房用具、文件。在談論囤積物時，她描述了不同物品會讓她想起人物或事件的個人及情感回憶。她也說，自己會在覺得寂寞或空虛時去購物。她告訴我，有些物品似乎會引起強烈的情緒，像是焦慮和其他的負面感受。我問她，那些物品是什麼？她指出了一些舊衣物，例如有一件紅裙子是她小時候被父親虐待時穿的。

我請她練習收集幾樣情感物品，在我們下次會面時帶來，因為我想探討她對於虐待創傷的回憶與感受，另外，我也想要開始討論還沒完整談過的主題：雙胞胎的出生。

在下一次的會面開始之前，艾比蓋兒已經在諮商室外面等候，我意外發現她看起來好年輕，雖然已經二十八歲了，可是外表看起來好像是只有十幾歲的青少年。

她似乎很高興又能來到諮商室。

「我應該要躺在那張沙發上嗎？」她咯咯笑著說。

「妳想要的話當然可以，想坐在椅子上也行。」我說道。

她坐在椅子上，撫摸著扶手，並有所期待地看著我。

「好椅子！」

「謝謝，艾比蓋兒。我們要不要談一下妳的過去？」我問道。

「好啊！」艾比蓋兒聳聳肩說。

「好，那麼妳是何時發現自己懷孕的？」我問道。

艾比蓋兒搖搖頭。

「我的經期一直都很亂，晚來幾次也沒什麼，大概是三到四個月的時候吧。可笑的是，我完全沒有感覺，一直到最後那天晚上。」

艾比蓋兒把一隻手伸向嘴巴，啃咬著極短又發紅的指甲。

「我在二十歲那年搬出去自己住，但還是無法阻止那隻豬隨時過來強暴我。」

艾比蓋兒眉頭深鎖。

「總之，事發那天晚上，我覺得肚子很痛，所以早點上床睡覺，後來一定是睡著了。我感覺做了惡夢，覺得肚子非常痛，醒來以後還以為自己尿床了，可是一開燈就看到床單上有血，很多血，那兩個嬰兒就在我的兩腿之間。她們真的很小，老實說看起來有點像外星人。總之，我完全嚇呆了。」

艾比蓋兒用力啃咬指甲，我注意到她的手指頭流血了。接下來的幾分鐘沉默時刻，我像先前一樣，看著她的眼珠在閉著的眼皮底下快速移動，她正再次經歷當初的場景。

「我說過，這次我是在自己的公寓裡，不過，那時我爸還沒死。我在角落坐了很久。怕得要命，還以為自己快死了。真的有一大灘血！」

艾比蓋兒看著我，彷彿覺得我會懷疑。

「我相信一定是的，艾比蓋兒。想必妳非常害怕吧。」我說道。

「那當然！後來我得思考該怎麼處理，我是指那兩個嬰兒。」她看著我說。

「我等到自己不再流血，便起身稍微清理現場，把她們放進一個裝玩偶的盒子裡。其實，那個盒子是我在一個垃圾桶裡找到的，盒子裡本來就有兩個壞掉的玩偶。你知道我讓嬰兒穿上誰的衣服嗎？」

我點點頭。

艾比蓋兒顫抖著嘆了一大口氣。

「之前說過，我讓她們穿上了玩偶的衣服。我本來想把她們帶到外面某個地方埋葬，可是我家沒有花園，我也不知道要去哪裡弄把鏟子來挖土。我倒是念了一小段詩或禱告文，然後就跟她們道別。我告訴她們，這樣比較好，事實上也是如此。」

她又開始啃咬指甲了。

「總之，當時我把盒子放到房間角落的一條毯子上，然後在上面堆了很多垃圾。公寓裡總是放滿了東西，所以再多出一堆也沒差。屍體腐爛時真的很臭，不過房子裡本來就一直很臭，所以那就只是另一種混進來的味道罷了。」

她發出吸吮手指的聲音，可能是要弄掉咬指甲時流出的血。

「這件事妳告訴過任何人嗎？」我問道。

「沒有，我什麼也沒說，直到那些討厭鬼——我是指警察，在我坐牢後他們發現嬰屍才來問我。」

「這些年來，妳經常想起這件事嗎？」我問道。

艾比蓋兒似乎陷入沉思。

「偶爾吧，主要都是我在報紙上看到關於嬰兒的新聞，或是我在街上看見嬰兒車裡的寶寶時。只是那些嬰兒看起來跟我的一點也不像，我說過，我那兩個嬰兒其實有點像外星人，我甚至還替她們取了名字。」

她對我露出害羞的笑容，似乎覺得自己剛才說的話很蠢。

「真的嗎？妳取了什麼名字？」我問道。

「朵拉（Dora）和蘿拉（Laura）。我小時候一直很喜歡《愛探險的朵拉》（*Dora the Explorer*），而蘿拉又跟朵拉押韻，所以我覺得取這樣的名字很好，畢竟她們是雙胞胎。」

她又看著我，想判斷我的反應。我對她微笑。

「這兩個名字都非常棒。」我說道。

新南威爾斯大學的潔西卡・葛里遜（Jessica Grisham）發現，當一個人表現出晚發性囤積症狀，尤其這類症狀一開始是出現於事件當下或發生後不久時，我們就必須特別考量囤積行為與創傷事件（例如失去配偶或孩子）之間的關聯。累積「東西」會填補創傷留下的情緒空洞，並且避免面對痛苦。之後，若有人想要清除這些物品，特別是在未經囤積者同意下丟棄這些物品時，可能會觸發囤積者的高度焦慮。

許多囤積者在討論自己的行為時，會形容他們「急忙」想要獲取新物品，尤其是物品免費或特價的時候；要是朋友或家人詢問，他們會盡力強調購買的合理性。

我現在的挑戰，是想辦法幫助一個面臨許多不同問題的年輕女子。我替艾比蓋兒感到難過，因為她的運氣比一般人差。但為了阻止她繼續以不良的方式生活，我們必須先處理囤積問題。

在艾比蓋兒的案例中，我嘗試過心理動力治療和認知行為治療，不過成效有限。現在我還能怎麼做？

結果，答案竟然來自艾比蓋兒囤積的一樣物品：她在當地地鐵站趁站務員不注意時偷的《都市日報》。在這份報紙中，有個受虐女孩慶祝自己發表了一本書。

艾比蓋兒在一次會面中，結結巴巴地念了這篇報導給我聽。

「她才六歲就開始被虐待！在十一歲，還有十三歲的時候懷孕了！」她以不可置信的語氣說道。

「妳讀到那篇報導很驚訝嗎？艾比蓋兒。」我問道。

「沒錯！」她說，眼中閃爍著興奮的光芒。「我從來就不知道還有其他人，呃，其他女孩也過得跟我一樣慘！而她竟然還寫了一本書！」她搖著頭。「你覺得我可以聯絡到她嗎？」

「我不知道，艾比蓋兒，但值得一試。」我很開心；這可能是我一直想要的突破。這個年輕女孩的故事顯然讓艾比蓋兒產生了共鳴，因為她們有很多類似的經歷。

我經常覺得，心理治療不只是一種談話治療，也是一種強而有力的治療。如果當事人可以跟文獻資料產生共鳴，同時將其連結到自己的敘事或故事，就會產生一種頓悟。自古以來，文學一直是集結人類思考的寶庫，也是我們現在所謂「治療」的一個來源。

接下來的十二個月，我繼續跟艾比蓋兒會面。治療的資金是在她受審確定時由法院提供。艾比蓋兒在讀過那篇文章，知道有個女孩跟自己的遭遇類似之後，她在理解並處理囤積問題方面，就有了大幅度的進展，但改善的速度並不快。公部門也持續關注事態發展，以防情況失控。後來，艾比蓋兒被轉到國民保健署繼續接受治療。

在我們最後一次的諮詢中，艾比蓋兒告訴我，她還是會閃現回憶，想起嬰兒出生的那一刻，也會想到父親跟其他朋友對她的虐待。我要是能夠許願立刻解決某人的問題，一定會為了艾比蓋兒這麼做，不過，在現實中，治療是一場馬拉松，而非短跑競賽，整個過程往往就像一座地基不穩的高塔，由環環相扣的脆弱片段組成，只要其中一個環節受到擾動，就會讓一切崩塌。

談到囤積時，受害者（當事人）經常淪為笑柄；人們立刻想到典型的

「貓女士」——生活在雜亂環境中，被一大群貓包圍，死活都有。不過，只要理解導致人們囤積的痛苦與前兆，你就明白這種令人精神衰弱的情況一點也不有趣。

這種先前往往被忽視的情況，現在已有專家深入研究，讓我們有機會透過心理治療為囤積症患者提供一些協助。

註釋——

1. Herring, S. (2014). *The hoarders: Material Deviance in Modern American Culture*. Chicago, IL: University of Chicago Press.

Chapter 7

結語：交談擁有巨大的力量

第一次來見我的當事人，絕大多數都會對治療師有一種刻板印象，認為治療師就像電視節目或電影中那樣，總會向坐在對面的當事人提出這個問題：「那讓你有什麼感覺？」

如果治療師在適當時機詢問當事人的感受，療程就有可能獲得進展，因而找出難以表達或處理的情緒模式。當然，藉由詢問感受讓當事人與其情緒重新連結的方式不勝枚舉。

例如，我們可以問：「你對那個有什麼感覺？」（這會確定討論的主題，也會讓當事人覺得很合理），或是問：「那是什麼樣的感覺？」（用於當事人不確定情況，也不知道為何會有那些感受的時候），或甚至問：「其他人在當時可能會有什麼感覺？」或「你的伴侶／朋友對你做的事有什麼感覺？」（當我想要納入另一個人的觀點時）。

跨越自己的心防，進入我們不了解、不知道或甚至不想承認的領域，這是既複雜又可怕的事。我們需要信任與時間，才能談論及表達自己真正的感受。這正是我試圖透過個案研究傳達的：我該如何藉由了解與表達來處理自己的情緒？

我也證明了這些個案研究的共通點就是穩健的治療關係。這是一種非常特別的關係，因為在這段關係中，尋求治療的當事人能夠學會以不同角度來了解自己。身為當事人的你，會談論自己的情況，探索自己的反應與感受，按照你所得到的見解行事，直到能夠在治療中自問：「我要像以前那樣思考、感受與反應，還是在這個世界裡找到新的生存方式？」

想要改變自己的生活，最好的方法就是透過交談的力量表達自我。當我們說出真相，這種「聊一聊的力量」就會在意識中引起深刻的轉變。

心理治療會提供選擇給你，讓你能夠嘗試不同的生活方式。這並非使用魔杖，也不是只聽一次就能永遠改變你的神奇咒語。我在治療師的工作中學到，無論是多麼負面的感覺，只要你能夠接受並表達出來，都有可能轉換成愛。

交談擁有巨大的力量，而其影響完全取決於我們如何運用。只要充分了解交談的影響力及其對自己和他人的作用，我們就能做出更有意識也更具洞察力的選擇，適切地表達自己與解讀他人。

本書的個案研究包含了兩種主要力量：**個人成長和個人恐懼**。我想要讓讀者知道，如果試圖為自己建立一個可以預測與控制的世界，這只會導致我們逃避個人恐懼（對於「改變」的恐懼）。

人類可以把改變視為興奮或可怕的事，但無論如何看待，都必須面對一個事實：改變永遠都是生命的一部分。

身為治療師，我明白「改變」對每個人來說都很困難。當生活即將發生重大的動盪或變化時，我們可能會感到焦慮。如果因為害怕改變而無法應對不良或不如意的情況，就會產生問題。

你一定注意到，在所有的個案研究中，我一開始都會先跟當事人建立合作且具有同理心的關係。想必你也發現我的當事人往往會抗拒改變，通常這是由個人經驗引起的，而非性格缺陷。

我的方式是讓當事人為自己的進度負責，目標不在於處理他們的問題，甚至也不是制定解決計畫，而是要幫助每一位當事人解決矛盾心理，使其得到一些動力，並相信改變是有可能的，至於作法則是要消除那股抗拒改變的恐懼且獲得療癒。

我們的情緒需要宣洩。情緒一定會出現，因為它們就是我們的一部分。你可能認為自己壓抑了情緒，但其實你的身心已經把它們貯存起來，除非得到釋放，否則它們就會在身體與心理上表現出來，例如慢性疼痛、焦慮、偏頭痛、潰瘍及其他病症。這些表現就是身體在告訴我們，需要療癒了。

幸好，你不必把這種恐懼藏在心裡。透過交談和自我表達的力量，你就能立刻放下，讓心靈回到意識的中心頂點。

如果你感到羞恥，放開它。如果你感到恐懼，放開它。最後，你就會有足夠的智慧，發現自己並不想讓那些有毒的東西留在心裡。

我鼓勵你從現在就開始，想像你的生活開始逐步邁向圓滿會是什麼樣子。學習聆聽自己的情緒。強化你的內在資源，接受你想要療癒的決心。深入挖掘是什麼在阻礙你，藉此找出你無法獨立生活的原因。你值得過著充滿喜悅的生活，無須背負創傷與羞恥的重擔。

誌謝

我想向一些人表達謝意，他們給了我支持、建議和鼓勵，讓我能夠完成這本書。我很感謝妻子和三個子女；對於向我傳授智慧並展現同情的所有導師，我感激不盡。特別是亞利斯特．羅斯（Alistair Ross）教授，感謝你的指導，也感謝你如此了解我。我也想謝謝朋友與同事，他們一直是我的靈感來源，也在我的個人與專業有新發展時提供支持。

謝謝在鳳凰出版社（Phoenix Publishing House）幫助過我的每個人。特別感謝具有無比耐心的出版人凱特．皮爾斯（Kate Pearce），以及我最棒的經紀人珍．康普頓（Jane Compton）。此外，也要感謝英國企鵝藍燈書屋（Penguin Random House UK）編輯總監安德里亞．亨利（Andrea Henry），在一開始提供的編輯支持與鼓勵。

我很感激這三十年來遇過的所有當事人，他們願意勇敢地表現出脆弱與真心，我備感榮幸。謝謝你們跟我分享自己的脆弱與傷痛。你們勇於面對恐懼，揭露內心最陰暗的地方，讓我受到了很大的鼓舞。

—作者簡介—

史泰留斯・基歐西斯（Stelios Kiosses）

心理治療師，亦為愛迪生教育（Edison Education）的臨床負責人。他領導了一支多元專科團隊，負責執行及整合實證的臨床與行為實踐，同時也替助理治療師提供嚴謹的培訓和監督，並為已畢業的心理學家提供結構化的工作經驗。他在牛津大學研究心理動力諮詢和臨床監督，先前也曾於薩塞克斯大學的心理治療和實驗心理學領域接受訓練。

他是美國心理學會（American Psychological Association）準會員，也是英國諮商與心理治療學會（British Association for Counselling and Psychotherapy）及英國心理學會（Brigish Psychological Society）的會員。他是牛津大學基督聖體學院（Corpus Christi College Oxford）成員，也是

牛津大學羅賓．墨菲（Robin Murphy）教授之計算精神病理學研究團隊（Computational Psychopathology Research Group）的研究合作者。

史泰留斯目前任教於哈佛大學延伸教育學院（Harvard University Extension School），先前則在倫敦國王學院（Kings College London）擔任客座資深研究員，並於倫敦大學金史密斯學院（Goldsmiths College University of London）擔任客座講師。他最早是在伯明翰大學（University of Birmingham）的精神病學系擔任名譽高級講師，教導精神病學碩士課程（家庭與精神健康）。他的公眾角色包括在英國電視第四頻道熱門節目《隔壁的囤物狂》中，擔任心理學家兼主持人，此節目是由曾獲奧斯卡獎的女演員奧莉薇亞．柯爾曼（Olivia Colman）負責旁白，此外，目前他也是威爾斯親王殿下創立之主要慈善機構王子基金會傳統藝術學院（Prince's Foundation School of Traditional Arts）的贊助人。

聊聊的力量：
心理治療師跟你對話，來自諮商室的五個故事。

作　　者——史泰留斯・基歐西斯（Stelios Kiosses）
譯　　者——彭臨桂
特約編輯——洪禎璐

發 行 人——蘇拾平
總 編 輯——蘇拾平
編 輯 部——王曉瑩、曾志傑
行銷企劃——黃羿潔
業 務 部——王綬晨、邱紹溢、劉文雅

出 版 社——本事出版
發　　行——大雁出版基地
新北市新店區北新路三段 207-3 號 5 樓
電話：(02) 8913-1005　傳真：(02) 8913-1056
E-mail：andbooks@andbooks.com.tw
劃撥帳號—— 19983379　戶名：大雁文化事業股份有限公司

美術設計——POULENC
內頁排版——陳瑜安工作室
印　　刷——上晴彩色印刷製版有限公司
2024年07月初版
定價 480 元

Originally published in English in 2021 by Phoenix Publishing House Ltd
62 Bucknell Road Bicester
Oxfordshire OX26 2DS, United Kingdom
under the title: THE POWER OF TALKING: STORIES FROM THE THERAPY ROOM

ISBN 978-626-7465-09-7

缺頁或破損請寄回更換
歡迎光臨大雁出版基地官網 www.andbooks.com.tw 訂閱電子報並填寫回函卡

國家圖書館出版品預行編目資料

聊聊的力量：心理治療師跟你對話，來自諮商室的五個故事。
史泰留斯・基歐西斯（Stelios Kiosses）/ 著　彭臨桂 / 譯
---.初版.一 新北市；本事出版：大雁文化發行，2024年07月
面　；　公分.–

譯自：The Power of Talking: Stories from the Therapy Room

ISBN 978-626-7465-09-7（平裝）
1. CST: 心理諮商　2. CST: 個案研究

178.4　　113005688

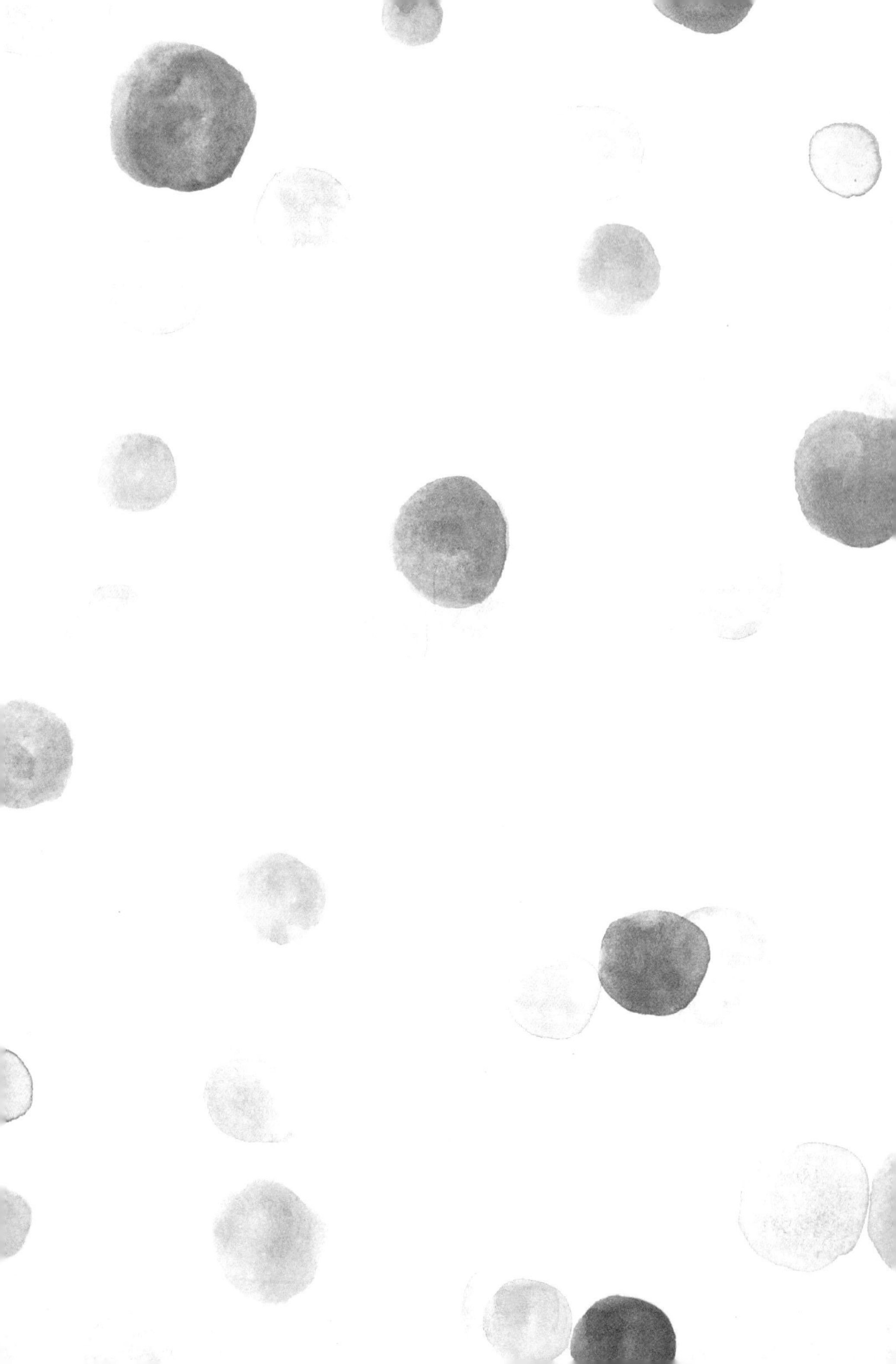

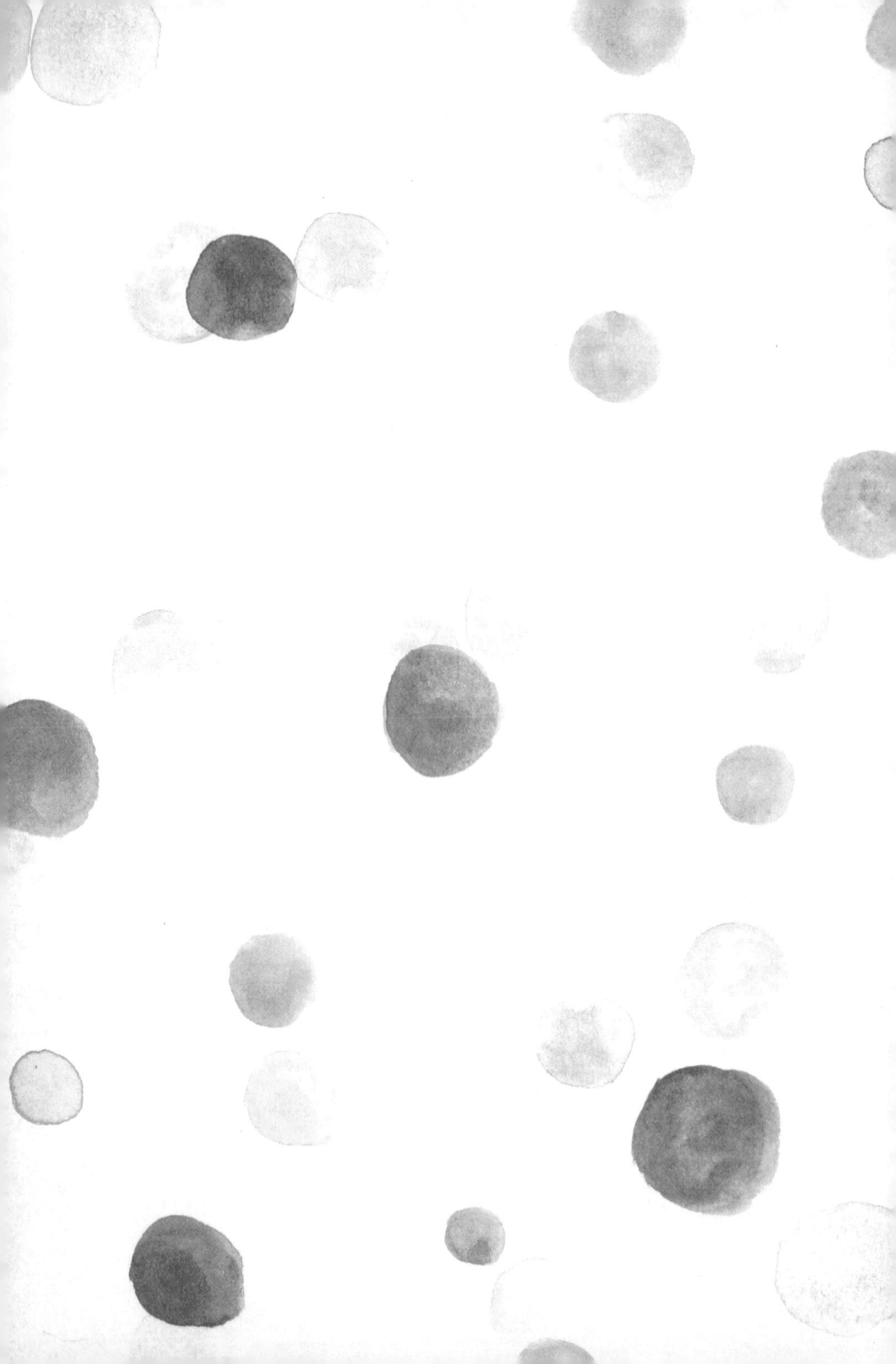

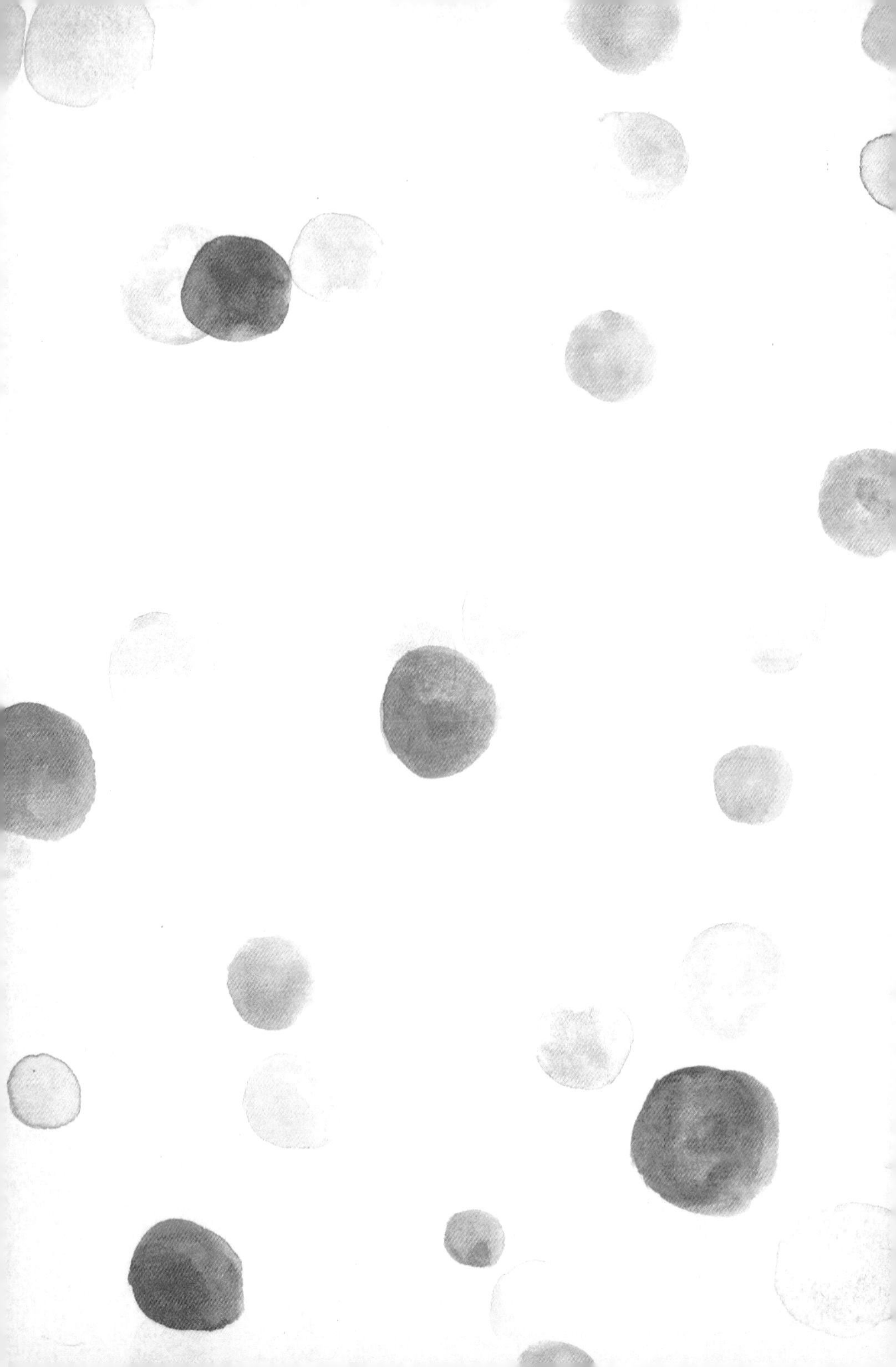